AF174918

La gente cree que la oscuridad es solo el final…

… pero también es el principio.

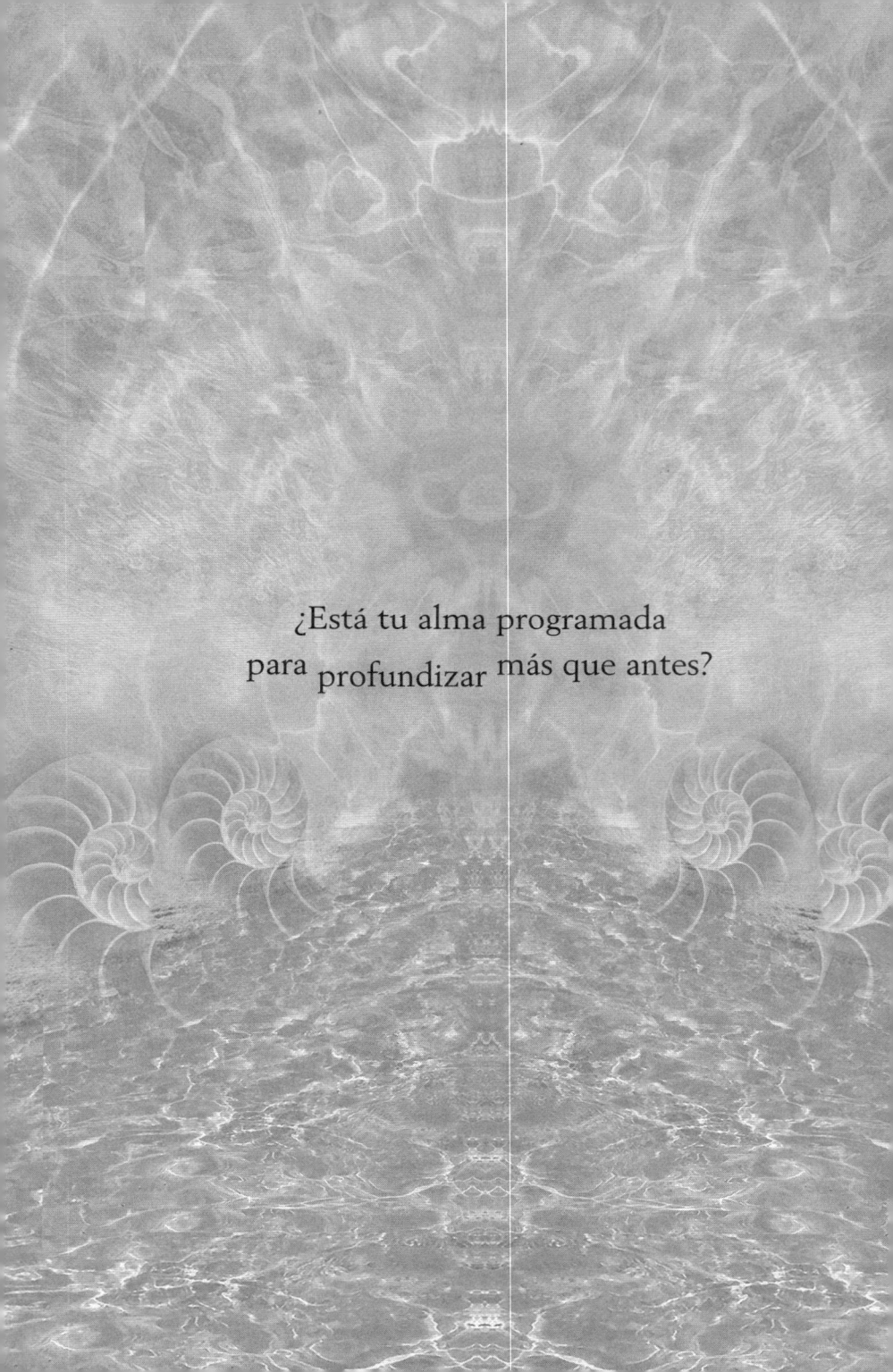

¿Está tu alma programada
para profundizar más que antes?

ELOGIOS PARA
TU ALMA ESTÁ SOÑANDO, TU VIDA ES EL SUEÑO

«Estoy convencida de que los antepasados tienen algo importante que decir a través de Rebecca y de este libro. Debes leerlo no solo con los ojos, sino también con el corazón. Siente cada cambio, consciente de que te guían generaciones de sabiduría femenina. Tómate tu tiempo, lleva un diario y descubre qué puede llegar a nacer también de ti».

YEYE LUISAH TEISH, autora del éxito editorial *Jambalaya*

«En mi opinión, este libro se va a convertir en un clásico. ¡No fui capaz de dejarlo! Sus páginas no solo están repletas de conocimiento, sino que, literalmente, transmiten sanación a nuestra alma. Cada palabra fue, para mí, *chaitanya* (en sánscrito, 'la palabra viva')».

NIKKI SLADE, autora de *The Healing Power of Chanting*

«No hay mayor poder ni sabiduría más profunda que existir solo dentro de nosotras. El cuerpo no ha sido nunca el obstáculo, sino siempre el destino. Y este libro es el camino de regreso a casa».

MEGGAN WATTERSON, autora del éxito editorial
María Magdalena Revelada

«Con una fuerza decidida, un corazón compasivo y una sabiduría carente de miedos, Rebecca ilumina el camino que va de la muerte al descubrimiento y la reinvención, y nos deja un compromiso renovado con el viaje desgarradoramente hermoso que constituye la vida. Una lectura obligada para todo aquel que esté buscando la luz en medio de la oscuridad. Te ayudará a salir de los desafíos más profundos de la vida con mayor fuerza y autenticidad».

SONIA CHOQUETTE, autora del éxito editorial *La respuesta es simple*

«Soy una persona que a menudo baila en los espacios liminales y *Tu alma está soñando, tu vida es el sueño* me ha llegado profundamente al espíritu. Entretejiendo su experiencia vital con la sabiduría del corazón, Rebecca escribe con elegancia acerca de la belleza que se manifiesta después de las caídas profundas de la vida. Un regalo sagrado para todas las personas que deseen superar las transiciones con más facilidad y gracia».

ASHA FROST, sanadora indígena y autora del éxito editorial
Tú eres la medicina, publicado por Gaia Ediciones

«La sentida prosa de Rebecca y su profunda percepción te guiarán con suavidad hacia una conexión más profunda con tu verdadero yo. Este libro es la respuesta a una oración por aquellos que buscan inspiración, sanación, conexión y transformación. La voz de Rebecca es el bálsamo de autenticidad y verdad que el mundo necesita para sanar».

DRA. DEBORAH THREADGILL EGERTON, escritora y presidenta de
The International Enneagram Association

«Si el mundo pusiera los misterios femeninos en el centro de todo y los considerara el auténtico punto de inicio —tal y como se supone que debería ser—, *Tu alma está soñando, tu vida es el sueño* sería la forma en la que aprenderíamos a vivir. Una guía potente y esclarecedora para este viaje consistente en recordar el camino a casa».

TAMI LYNN KENT, autora de *Wild Feminine, Wild Creative*
y *Wild Mothering*

«Con un valor forjado en los fuegos de la rabia ancestral y unas palabras formadas en la claridad de un corazón plenamente amoroso, Rebecca desnuda su alma con una gracia pura. Este libro te confortará y te inspirará. Iluminará tu camino a través del paisaje más oscuro y te cantará para que llegues a la luz».

BINNIE A. DANSBY, fundadora del sistema de curación SOURCE
Process and Breathwork.

«¡Te doy la bienvenida a tu nueva vida! Si sientes que tu ego está muriendo, es porque tu alma está naciendo. En este libro nuevo y maravilloso, Rebecca Campbell actúa como partera espiritual y comparte todas sus habilidades mágicas y su experiencia para ayudarte a dar a luz a tu Verdadero Yo».

ROBERT HOLDEN, autor de *Shift Happens!* y *Higher Purpose*

«Tu alma está soñando, tu vida es el sueño es la invitación de una de nuestras místicas modernas más queridas a nutrir en profundidad el alma. A través de su relato íntimo de despertar y transformación, Rebecca sigue la pista y entrelaza la magia y los misterios más queridos para mí: el efecto de nuestra impronta de nacimiento y el poder transformador de parir. Este libro es un tesoro».

JANE HARDWICKE COLLINS, escritora y fundadora de
The School of Shamanic Womancraft

«Desde que la conozco, Rebecca se ha ido volviendo cada vez más profunda y mística con el paso del tiempo. La gente habla de seguir el camino espiritual y de desarrollar una práctica; Rebecca ha permitido que su vida entera se entrelace con el trabajo que se ha sentido llamada a compartir. Este libro te conducirá a la profundidad de tu alma para que puedas emerger y, de ese modo, desplegarte y así florecer también».

KYLE GRAY, autor del éxito editorial *Eleva tus vibraciones*,
publicado por Arkano Books

«Una guía profunda para todo aquel que esté viviendo una larga y oscura noche del Alma. Mediante relatos y enseñanzas sagradas, Rebecca entreteje los extremos de la vida: tumba y útero, aflicción y dulzura, levantarse y caer, y volver a levantarse. Jamás había leído un libro que hablara con tanta profundidad, sabiduría y compasión acerca de la experiencia inmensa, desafiante, extática y desgarradora que puede ser el recordar el sueño del Alma y, con valor, hacerlo nacer en la tierra».

MADELINE GILES, autora de *Then I Woke Up*

«Lo que Rebecca ha creado aquí es una medicina para el alma, mi variedad favorita de medicina. Esa que, en lugar de intentar universalizar una experiencia, nos invita a nuestras propias contemplaciones y activaciones».

ELIZABETH DIALTO, fundadora de The School of Sacred Embodiment y directora del pódcast *Embodied*

«La perspicaz exploración que hace Rebecca Campbell de nuestro viaje a lo largo de la vida resulta sumamente transformadora. Con su mezcla especial de sabiduría y compasión, guía a los lectores a lo largo de las intrincadas fases de una vida, ofreciendo profundos conocimientos y una orientación práctica. Su prosa elocuente y su gran comprensión de la experiencia humana convierten este libro en una lectura obligada para quien quiera surcar los flujos y reflujos de la vida con gracia y propósito».

SHAWN LEONARD, autor de *Spirit Talker*

«Un libro poderoso que no solo te recuerda tu magnificencia divina, sino que también te conduce a ella con amor».

BRONNIE WARE, autora de *The Top Five Regrets of the Dying*

«*Tu alma está soñando, tu vida es el sueño* es tanto una oración como una invitación y una iniciación. Al relatar sus propias experiencias personales, potentes y cruciales, Rebecca Campbell ilumina el portal y nos da la bienvenida cuando nos preguntamos y escuchamos por dentro. Este libro nos recuerda que debemos mantener una actitud abierta, dada a la curiosidad y a la conexión. Es una auténtica joya a la que volveré una y otra vez».

NANCY LEVIN, autora de *Embrace Your Shadow to Find Your Light*

«Una guía esencial para todas las personas centradas en el camino de su alma y en el misterio y la magia que alberga. Rebecca pone en palabras las experiencias místicas que he tenido y de las que nunca supe cómo hablar. Este libro me ha ayudado a hacerlas realidad».

KATE NORTHUP, autora del éxito editorial *Do Less*

«Me sentí muy viva al leer este libro. Rebecca posee un don especial para conducirte en un viaje por la vida y la totalidad de la existencia. Es capaz de captar el ritmo de la respiración y de la vida que celebra tu alma y lo que eres, el motivo de tu presencia aquí».

ANNABELLE SHARMAN, autora de *The Future Ancestor*

«La última creación de Rebecca habla directamente al corazón de los tiempos que vivimos, nos aporta consuelo y orientación en períodos de gran transformación y da sentido al motivo de nuestra presencia aquí. ¡Una obra muy potente para una época caracterizada por la crisis del sentido y la necesidad de regresar al alma!».

ALEXANDRA ROXO, autora de los éxitos editoriales
F*ck Like a Goddess y *Dare to Feel*

REBECCA CAMPBELL

tu
ALMA
está soñando,
tu
VIDA
es el sueño

Cómo dejarse sostener
por la vida cuando
todo se derrumba

ARKANO BOOKS

Título original: *Your Soul Had a Dream, Your Life Is It*

Traducción: Blanca González Villegas

Diseño de cubierta: equipo Grupo Gaia, basado en diseño de Hay House
Imagen de apertura y cierre del libro: Katie-Louise
Ilustración de página 32: Rebecca Campbell y Danielle Noel

© 2024, Rebecca Campbell

Publicado originalmente en 2024 por Hay House LLC

Publicado por acuerdo con Hay House UK Ltd,
Watson House, 54 Baker Street, W1U 7BU, Reino Unido

De la presente edición en castellano:
© Distribuciones Alfaomega, S.L., Arkano Books, 2024
   Alquimia, 6 - 28933 Móstoles (Madrid) - España
   Tel.: 91 617 08 67
   www.grupogaia.es - E-mail: grupogaia@grupogaia.es

Primera edición: septiembre de 2025

Depósito legal: M. 13.409-2025
I.S.B.N.: 978-84-19510-69-3

Impreso en España por:
Artes Gráficas COFÁS, S.A. - Móstoles (Madrid)

Cualquier forma de reproducción, distribución, comunicación pública
o transformación de esta obra solo puede ser realizada con la autorización
de sus titulares, salvo excepción prevista por la ley. Diríjase a CEDRO (Centro
Español de Derechos Reprográficos, www.cedro.org) si necesita fotocopiar o escanear
algún fragmento de esta obra.

*Para Craig, Sunny y Goldie,
que me invitaron a encarnarme
mucho más profundamente que antes.*

ÍNDICE

SEGUNDA PARTE
TE ESTÁS DIRIGIENDO A UN LUGAR SAGRADO
*Entender que el cambio forma parte de la vida
y que la sanación siempre se está produciendo*

TERCERA PARTE
EL CAMINO DE LA MÍSTICA
*Reconectarse con el Espíritu de la Vida
y seguir tu camino sagrado*

△
PROFUNDIZA TU LECTURA

Mi visión para *Tu alma está soñando, tu vida es el sueño* va más allá del propio libro. En rebeccacampbell.me/yoursoulhadadream encontrarás varios recursos gratuitos para profundizar tu lectura, entre los que se incluyen:

Un cuaderno guía gratuito
Un cuaderno especialmente dedicado y con todas las propuestas para tu diario planteadas a lo largo del libro.

Meditaciones, un canto y una lista de reproducción
¡Escucha de manera gratuita el canto desatado, las meditaciones y la lista de reproducción que se mencionan en el libro!

#YourSoulHadADream
Me encantará ver las hermosas fotos que hagas de este libro. Etiquétame en @rebeccacampbell_author utilizando #YourSoulHadADream.

INTRODUCCIÓN

E STE LIBRO SOBRE EL CAMBIO ha sido escrito en un periodo de gran transformación, tanto dentro de mí como en el mundo. Es imposible reconocer en la persona que soy ahora a la que era cuando lo empecé. Nada en mí es igual. Avivada por los fuegos iniciadores de la mediana edad, por haberme convertido en madre, por una pandemia global y por las noches oscuras del alma, en mí solo quedan las ascuas más intensas.

Es posible que tú también hayas atravesado algo parecido, que hayas tenido que afrontar las estaciones cambiantes de tu vida y las noches más oscuras de tu alma. O quizá te encuentres ahora mismo en esa situación, sumida en el barro de tu propia transformación. Ya no eres exactamente la que eras ni tampoco la que pronto vas a ser. Estás enfangada entre los escombros de tu vida. En el intermedio. Eres mitad una cosa y mitad otra. Tu alma tenía previsto profundizar más...

Las noches oscuras del alma son un periodo de iniciación en nuestro viaje de despertar espiritual que tiende a seguir a las etapas iniciales de la iluminación y a las experiencias espirituales más elevadas, a las que denomino el *ascenso*. Es la separación previa a la unión. El invierno que precede a la primavera. La tumba antes que el útero. Es el canal del parto en el que nos volvemos a parir a nosotras mismas, a menudo en mitad de nuestra vida.

Durante el descenso, se invita a nuestra alma a encarnarse más profundamente que antes y, aunque el viaje de cada alma es único, por lo general es en nuestras noches más oscuras cuando nos encontramos cara a cara con lo que estaba dormido. Denomino a esto *noches* oscuras en lugar de *noche* porque este periodo parece durar mucho más de lo que esperábamos. En mi caso, esta etapa del viaje de despertar espiritual ha sido la más difícil pues me ha lanzado hacia lo más profundo de mi cuerpo, mis ancestros, la tierra y la humanidad.

Este es un libro sobre el renacimiento, y eso significa que trata de la muerte, porque sin ella es imposible renacer. Nos habla de la sanación, y eso significa que también aborda el sentimiento, porque sin él es imposible sanar. Trata de encontrarte a ti misma, y eso significa que también considera la idea de perderte, porque de otro modo no te puedes encontrar.

La vida está siempre intentando iniciarnos en aquello en lo que nos estamos convirtiendo. Es la forma en la que actúa la naturaleza y siempre implica *cambio*, que es la única constante en la vida. En todos y cada uno de los momentos del día, la naturaleza nos muestra cómo abrazar el cambio. La naturaleza es la mayor escuela de misterio que existe. La serpiente sabe, al igual que el escaramujo, que tenemos que abandonar lo que hemos sido para un día nacer de nuevo.

De todos mis libros, este es el que me ha presentado mayores exigencias, y he tardado más de siete años en terminarlo. Lo escribí en un periodo único de mi vida, en el que estuve embarazada tres veces y di la bienvenida a este mundo a dos bebés (el otro no superó el segundo trimestre). Gran parte de este libro vino a mí y a través de mí mientras el alma estaba siendo tejida para hacerse materia y todo mi cuerpo se estaba expandiendo y contrayendo.

En 2017 tuve dos experiencias místicas espontáneas en las que se me mostraron las puertas de la Vida —el nacimiento y la muerte— y cómo esta vida es un mero suspiro en la existencia del alma. Estas experiencias de despertar, que tardé muchos años en integrar, transmitieron algo a lo más profundo de mis células y cambiaron la trayectoria de mi vida.

Mi intención en este libro es utilizar esas puertas de iniciación del nacimiento y la muerte —y también otras, como la pérdida, el amor, los comienzos y los finales— a modo de metáforas para describir cómo podemos gobernar el cambio, la transformación, la sanación y el renacimiento que todas estamos atravesando, tanto en términos individuales como colectivos, y reconocer la gran iniciación que realizaron nuestras almas para estar aquí en este momento.

Por alguna razón, más allá de los detalles superficiales de «lo que sucedió», rara vez se analizan el nacimiento y la muerte de una forma profunda que reconozca lo importantísimos que son para nosotras como actos de iniciación. Esto es algo que me fascina. ¿Por qué no hablamos más de estas experiencias tan profundas y arraigadas en la naturaleza? Es posible que nos cueste hacerlo, precisamente, por su enormidad, o porque nos asusta lo desconocido. Creo que, en un sentido metafórico, las grandes iniciaciones del nacimiento y la muerte albergan tanta sabiduría que pueden ayudarnos a transformarnos y a vivir de verdad. Me pregunto si encierran los códigos de la transformación y un posible renacimiento de la humanidad.

Quiero reconocer la complejidad y la sensibilidad que envuelven a algunos de los temas que se abordan en este libro (sobre todo el embarazo, el parto, el puerperio, la pérdida de un bebé —en los capítulos «Renacida» y «Los misterios del nacimiento»—, la sanación ancestral, la sanación intergeneracional, el trauma y la emergencia espiritual), y mostrar mi apoyo y mi compasión por las distintas formas en las que los experimentamos.

Si cualquiera de los asuntos que voy a tratar te resultan complicados o dolorosos, te animo a que respetes tus necesidades. Y, aunque no hay dos viajes iguales, en las páginas 301-305 he incluido una lista de algunos de los recursos que me han resultado útiles; en cualquier caso, confía siempre en la forma en la que estás siendo guiada. Creo que, al compartir nuestra historia de una manera que nos resulte segura, permitimos que se abra un espacio de sanación y nos ayudamos mutuamente a sentirnos menos solas.

A lo largo del libro encontrarás referencias a la «Gran Madre», la «Diosa», la «Madre Cósmica», la «Madre Original» y las «Abuelas Ancestrales de la Tierra». Estos términos están relacionados con mis dos experiencias místicas del año 2017 y con la parte de mi viaje en la que me sirvieron de iniciación, aquella a la que denomino el *descenso* y el *despertar* de la Gran Madre. Comparto estos términos con la intención de transmitir el consuelo que experimenté al volverme a conectar con estas ancestrales y sagradas energías femeninas de la Tierra y del cosmos y, en lo posible, infundir su fuerza en cada una de estas páginas.

Utilizo también palabras y expresiones que pretenden expresar el inefable Espíritu de la Vida (como «espíritu», el «pulso inteligente de la Vida», «fuerza vital», «sagrado», «cosmos», «gran misterio», el «Espíritu Invisible de la Vida» y «Dios»). Si no te identificas con ellas, sustitúyelas por las tuyas propias.

Otra palabra que encontrarás es «místico». Un místico es alguien que anhela experimentar la vida como algo sacro y busca activamente lo sagrado que nos rodea por todas partes y que albergamos en nuestro interior. Ansía tener una experiencia directa y física de la divinidad, en lo más hondo de su cuerpo, y ese es un camino de despertar al que todas podemos acceder. Considera a la naturaleza como una gran maestra y aspira a experimentarla de una forma íntima y profunda. Su camino es el camino del corazón; por muy difícil que llegue a ser la vida, el místico desea experimentarla en su totalidad y mantener su corazón abierto.

Creo que no existe inteligencia mayor que la sabiduría que albergamos en nuestro interior ni nada más potente que actuar según sus indicaciones. Por eso, al final de muchos capítulos, encontrarás las Preguntas del Alma (Soul Inquiry®), que te ayudarán a escuchar las llamadas de tu alma a medida que vayas leyendo el libro. No subestimes su poder. Te recomiendo que tomes notas sobre ellas en tu diario o que incluso cojas un bolígrafo y escribas directamente en estas páginas. No pienses demasiado, apunta aquello que te venga a la mente. Las respuestas que te da tu alma tienen la capacidad de cambiarte la vida. Encontrarás un PDF gratuito que puedes descargar e imprimir y que cuenta con todas las preguntas que aparecen en el libro (véase la página 15).

Las palabras que comparto en estas páginas provienen de mi propia y limitada experiencia vital. Como mujer occidental nacida en Australia y con antepasados irlandeses, británicos, nórdicos, islandeses y alemanes, he realizado un profundo proceso de reconexión con las tradiciones indígenas de mi linaje. También he estudiado las tradiciones que no provienen de mis ancestros, pero que me han conmovido profundamente, y siento un gran aprecio y reverencia por ellas. Al escribir, albergo en mi corazón buenas intenciones para todos, pero también reconozco mis sesgos, limitaciones y condición de ser humano. Espero que, mientras lees, percibas la ternura que se esconde detrás de mis palabras.

Tu alma ha elegido una época *poderosa* para estar viva. Sin embargo, no son tiempos *sencillos*. El planeta está cambiando, al igual que la humanidad. Y sabemos que así debe ser. Gran parte de lo que yacía oculto y dormido está aflorando para que seamos testigos de ello, tanto en nuestro interior como a nivel colectivo. Nos hemos visto obligadas a reflexionar y a abrirnos a causa de las diversas formas en que los seres humanos se han ido apartando unos de otros y de la Tierra.

En esta época de ruptura de un ciclo, muchas de nosotras hemos estado experimentando una profunda sanación y un gran esclarecimiento ancestral. Algunas procesan el trauma de su infancia y de su vida, mientras que otras hacen eso mismo también con las cuestiones vinculadas a su linaje ancestral y al colectivo. Y están además quienes lo integran todo. Estas son las que rompen el ciclo y, puesto que te encuentras leyendo estas páginas, quizá tú misma seas una de ellas.

Me pregunto si todo esto es una parte necesaria de nuestra evolución como especie. ¿Existe una inteligencia en lo que cada una de nosotras está experimentando en este momento, en lo que algunas personas consideran la noche oscura y colectiva del alma? ¿Es esto una parte normal del viaje espiritual o estamos viviendo de maneras cada vez más distintas a las de las generaciones que nos precedieron? ¿Forma parte de un renacimiento colectivo de la humanidad? El viaje de cada persona en esta tierra es único. Encarnarse aquí y ahora es un acto muy valiente. Cada una de nosotras sostiene un hilo de la sanación de humanidad. No subestimes el que tienes en tus manos.

Mi deseo es que este libro se reúna contigo exactamente en el punto en el que te encuentres y que te haga sentirte un poco menos sola, mientras diriges el gran sueño de tu alma de estar aquí y ahora. Que estas páginas aviven las ascuas de la luz inextinguible de tu alma a través de sus noches más oscuras y sus puertas de iniciación.

Espero que esta obra te anime a permanecer conectada con tu corazón místico y a reunir el coraje necesario para mantenerlo abierto en todas las situaciones extremas que esta vida te presente. Que te ayude a sentirte sostenida por la Vida y a ver la belleza que está entretejida en ella, sobre todo cuando te cueste apreciarla. Deseo que te incite a aceptar las estaciones siempre cambiantes de tu vida y que, cuando llegue el momento (y tú lo *sabrás*), eches tus pétalos al viento para tener la oportunidad de comenzar una y otra vez.

Con amor,

Tu vida no es sino un s u s p i r o
en la existencia de tu alma,
y encarnarte aquí y ahora
es un acto de enorme valentía.

**Tu alma tuvo un sueño,
y tu vida, esta vida, es ese sueño.**

Primera parte

EL FINAL
es también el
PRINCIPIO

Cómo afrontar las puertas de iniciación
de la vida y sus noches más oscuras

CAER EN MIS BRAZOS

E N EL AÑO 2017 tuve una experiencia mística y de unión espontá-nea que me cambió para siempre. Mientras me dirigía en el metro hacia West London, a mis clases de formación como profesora de kirtan, no tenía ni idea de que mi alma estaba programada para profundizar más de lo que nunca lo había hecho hasta ese momento.

El kirtan es una práctica clave del yoga bhakti, el yoga de la devoción, y yo llevaba ya semanas dedicada a aprender sobre los rebeldes poetas-santos de la antigua India, a cantar el nombre de la divinidad y a entonar mantras sánscritos sagrados transmitidos desde la antigüedad. Fundirse con lo sagrado día tras día era el sueño de todo místico. Mis compañeros eran unas personas muy singulares y profundamente devotas, que aspiraban a experimentar íntimamente la unión con la divinidad y que estaban fascinadas por la ciencia ancestral del sonido. Al disfrutar de los sonidos originales del cosmos, se alcanza una especie de cielo con el que siempre había soñado, aunque sin saber nada de su existencia.

En aquella ocasión en concreto, estábamos terminando un ejercicio de dos días dirigido por mi profesora y amiga Nikki Slade. Reunidos en círculo, nos turnábamos para colocarnos de pie en el medio, mientras el resto de los alumnos intentaba descentrarnos con críticas y alabanzas. El que se encontraba en el centro tenía que cantar para regresar a la divinidad, al tiempo que sorteaba las agudas rocas de la crítica y la loa para así llegar a ser un canal claro a través del cual pudiese hablar lo divino.

En el momento en que ocupé el centro del círculo, supe que estaba a punto de suceder algo significativo. Sin previo aviso, y en medio del sonido y la actividad, mi cuerpo se quedó congelado y fui incapaz de moverme. Mientras Nikki comprobaba que todo

estaba bien, pude sentir cómo el velo del mundo invisible del espíritu se hacía más fino. Escuché unas instrucciones claras, que trans-
mití al grupo:

—Se me está diciendo que tengo que utilizar mi voz para
permitir que Shakti se mueva a través de lo que ha estado congelado. Sin embargo, para ello necesito un espacio de apoyo. ¿Cuento con él?

Nikki dio ciertas indicaciones a la clase y dijo que yo contaba
con el espacio de apoyo. Entonces, mientras permanecía de pie en
el centro del círculo, mis manos se movieron hacia delante varias
veces para separar el velo, a la manera de una bailarina en un esce-
nario. De repente, mis brazos y mi tronco empezaron a realizar
movimientos bruscos y amplios hacia arriba y hacia abajo, una y
otra vez, mientras yo entraba en un estado similar al trance.

Mi conciencia se precipitó al centro de la Tierra y me encontré
en un estanque ancestral de agua primigenia, acunada en los brazos
de una presencia de la Gran Madre Cósmica, la Madre Original, la
Gran Madre de todos nosotros. Aunque hasta ese momento no la
había visto de manera consciente, me resultaba profundamente
familiar, como si la conociera de toda la vida. Me acarició la cara,
me acunó, me tranquilizó y cantó para y a través de mí.

Alcé la vista y se me mostraron las puertas de la Vida, aquellas
por las que entran todas las almas al respirar por primera vez y por
las que salen al exhalar el último aliento. Vi que todo lo que contiene el cosmos está unido por un pulso inteligente, por el latido de
nuestros corazones y por la inspiración y exhalación de nuestro
aliento. Vi que esta vida no es sino una mera puntada en el tapiz
del viaje de nuestra alma y que todos los que nos encontramos en
la Tierra ahora elegimos estar aquí, en este momento crucial de
cambio, sanación y posible renacimiento de la humanidad. En los
cielos que se alzaban sobre mi cabeza podía ver un dosel de estrellas sobre un oscuro fondo cósmico que no tenía fin.

Mientras estaba acunada en los brazos de la Gran Madre Cósmica —quien, en mi experiencia, era a la vez como el suelo más

fértil y el inmenso cielo nocturno, una sensación de consuelo y negrura, al mismo tiempo ancestral e intemporal, familiar pero misteriosa—, me vi rodeada por un grupo de seres antiguos, una conciencia colectiva que se presentó a sí misma como las Abuelas Ancestrales de la Tierra. Estaban hechas de la Tierra y del cosmos. De estrellas y tierra. Antiguas y futuras. Guardianas de las aguas sagradas de este planeta. Antecesoras ancestrales de todos nosotros, centinelas del mundo. A través de nuestros antepasados, nos conectan con la Madre Original de todos nosotros. A través de la historia, estos seres entonaban cantos ancestrales para toda la humanidad. Canciones ininterrumpidas que vibraban.

Jamás hubiera podido imaginar una experiencia más íntima y sensual, ni con más amor, dulzura, compasión, comprensión y apoyo. Recibir este amor, esta ternura y este testimonio sació un hambre y puso fin a una separación, a una profunda aflicción que albergaba en mi interior, algo que siempre había sentido pero que era incapaz de nombrar.

Las Abuelas empezaron a cantar para y a través de mí. Entonaron así canciones, palabras y melodías que yo nunca había escuchado hasta entonces, por medio de mí y en idiomas que no conozco. (Posteriormente le conté esta experiencia a Yeye Teish, una maestra espiritual por la que siento un profundo respeto, quien me habló de la xenoglosia, un fenómeno mediante el cual una persona puede hablar y comprender un idioma sin conocimientos previos. Algunos consideran que, en esos casos, el alma se conecta con vidas anteriores; otros creen que el lenguaje está siendo canalizado desde la conciencia ancestral que alberga la memoria de la Tierra).

La Gran Madre Cósmica me consoló el alma, como dando a entender: «Sabemos que este periplo humano puede ser duro. Que la separación que experimenta la humanidad entera resulta en algunos momentos insoportable. La situación acaso parezca muy difícil si, mientras estás aquí en la Tierra, no sabes que te sostenemos en nuestros brazos y no te sientes apoyada por el sagrado Espíritu de la Vida. Sin embargo, nunca te hemos abandonado; puedes regresar en cualquier momento al pulso sagrado de la Vida. Al reconectarte con el pulso sagrado de la Madre Tierra, te conectarás con el pulso sagrado del cosmos. Lo sagrado está tejido aquí en la tierra con tanta profundidad como en el cielo».

Las Abuelas me mostraron mi linaje ancestral, y todos nuestros linajes ancestrales. Comprendí que nuestra desconexión con lo Femenino Divino, con la Madre Tierra, con Ella, se ha prolongado ya mucho tiempo, y que eso ha provocado un enorme dolor y una gran disociación en el seno de la humanidad. Entendí también que, mientras no nos volvamos a conectar con Ella, no superaremos la separación, ni de forma individual ni como especie.

Las Abuelas me enseñaron todo el trauma, el dolor y el daño que ha provocado esta desconexión; también me revelaron que las almas que han elegido venir en este momento forman parte de la sanación celular colectiva de la humanidad en la tierra, y me mostraron que cada una de ellas sostiene un hilo diferente para la sanación y la evolución humanas.

Comprendí que, cuando cerramos nuestro corazón para protegernos del dolor de la vida, también nos cerramos a la alegría y a la dulzura y que, para experimentar el éxtasis, debemos asimismo vivir la agonía; todo ello forma parte de la aventura de la Vida. Necesitamos aceptar el otoño y el invierno tanto como la primavera y el verano: estas estaciones femeninas nos tienen reservadas grandes dosis de sabiduría y néctar.

Viajé a lo largo de mi linaje materno hasta la Madre Original, la madre de todos nosotros, que me había sostenido en todos los desengaños y las rupturas de mi vida, de la vida de mi madre, de la de mi abuela, y así sucesivamente hasta el principio. Ella me mostró todos los nacimientos y todas las muertes.

Me aseguró que en todo ese tiempo no se había apartado de mi lado (ni del de nadie más), como dando a entender: «Sé que la experiencia humana puede resultar difícil para el alma, pero también puede revelarse dulce. No te cierres a ella. Recuerda por qué eligió tu alma venir». Ese fue el momento más hermoso, compasivo, sensual y tierno de mi vida, y está profundamente grabado en mis células. Todavía puedo tocarlo y saborearlo.

Respiré hondo y sentí que mi torso subía y bajaba, mientras mi conciencia ascendía desde las cavernas acuosas del centro de la Tierra hasta aquella habitación de un estudio de una ajetreada calle del West London. Al salir de aquel espontáneo estado de trance, con los ojos todavía cerrados, pude sentir cómo se apartaba lentamente el velo, y entonces percibí el apoyo de mis compañeros de clase.

Nikki explicó a la clase que acabábamos de experimentar algo profundamente sagrado y les dijo que me apoyaran mientras yo lo integraba. Entonamos nuestro canto de cierre; mi cuerpo se agitaba, al tiempo que la energía Shakti subía y bajaba físicamente por mi columna y luego a través de todo mi cuerpo. (Shakti es el término sánscrito que define la energía cósmica espiritual de lo Divino Femenino). Sentí que llovían sobre mí códigos de luz que penetraban en mis células, como si el cielo se estuviera fundiendo con la tierra y algo ancestral se despertara y activara en lo más profundo de mi ser.

Tras eso, en el descanso para la comida, una de mis compañeras me habló de uno de los cánticos que me había oído entonar durante el trance; lo conocía como un canto ancestral a la Diosa de su linaje, que era distinto del mío. Más tarde, ya en casa, escuché una grabación y, aunque jamás lo había oído antes y ni siquiera conocía a la Diosa a la que estaba dedicado, no pude negar que era uno de los cánticos que yo había entonado aquel día.

Sorprendida por lo sucedido y sin tener claro por dónde podía empezar a procesarlo, me fui a la cama. Sin embargo, la Gran Madre siguió moviéndose a través de mí; esa fue la primera de las visitas que me hicieron tanto ella como las Abuelas Ancestrales, visitas que se repitieron todas las noches durante muchos meses.

Esta experiencia mística con la Gran Madre me impulsó a un viaje de sanación, incansable y profundamente físico —ancestral, social, cultural y personal—, en el que me vi obligada a observar las formas en las que había negado lo femenino, había ahogado mi ira o mi dolor, había intentado sortear mi propia humanidad, había proyectado a Dios sobre cualquier persona o cosa ajena a mí, y me había desconectado de la Madre Tierra y de su carácter sagrado.

Como no me sentía preparada para compartir con el mundo los detalles de mi experiencia mística, me lancé a crear oráculos como un medio de dar forma y transmitir las visiones. Esta ilustración de la carta «Caer en mis brazos», perteneciente al oráculo *Semilla estelar* (que cocreé con Danielle Noel, publicado por Arkano Books), es una de las piezas basadas en esta experiencia mística de trance.

Tardé mucho tiempo en encontrar las palabras necesarias para hablar de mi experiencia mística con la Gran Madre y las Abuelas. Estas son esas palabras y esta es esa historia.

«Caer en mis brazos».

A lo largo de los años subsiguientes, no dejé de recibir enseñanzas directamente de la Gran Madre; esas lecciones han transformado por completo tanto mi forma de vivir como de ver el sueño que tuvo nuestra alma para estar aquí y ahora. Las comparto contigo a modo de ofrendas para que, por mucha oscuridad que haya o por mucho que sientas que tu vida se está desmoronando, tu sensación de soledad y de falta de apoyos no sea tan grande. Espero que estas páginas te ayuden a recordar el sueño que tuvo tu alma antes de que eligieses venir.

Δ

SOSTENIDA

L A GRAN MADRE CÓSMICA te escoltó cuando exhalaste tu primer aliento y estará contigo en el último. Sabe lo difícil que puede resultar la vida en la Tierra, que hay momentos en los que ser humano puede resultar doloroso, solitario y confuso. Que la polaridad y la separación pueden ser complicadas cuando tu alma recuerda la unicidad de la Fuente. Sin embargo, sabe que también puede ser algo increíblemente extático, glorioso y dulce.

A menudo vemos las cosas como buenas o malas: cuando van bien, hacemos que eso signifique que todo está como debe estar y, cuando salen mal, entonces consideramos que quizá hayamos hecho algo equivocado o tengamos que arreglar alguna cosa. Hemos olvidado que la vida en la Tierra no es así. La polaridad está en el núcleo de la experiencia terrenal y, a través de los extremos, es como más crecemos. No se supone que debamos evitar la noche, la sombra, el invierno y el otoño. De hecho, la unión que buscas la encontrarás a través del portal de la polaridad que tantos nos esforzamos por evitar.

Esta vida no es más que un suspiro en la inextinguible existencia de tu experiencia como alma. Entrega tus preocupaciones, tu dolor, tus penas, tus miedos y tus dudas a la Gran Madre Cósmica, al gran misterio de la Vida. Deposítalos sobre su altar. Regresa a la seguridad de la Tierra. Déjate caer completamente en sus brazos.

Recuerda que tus células están hechas de sus ancestrales estrellas explotadas, al igual que las flores. Y que, aunque estos extremos sean difíciles, también pueden ser magníficos. La alegría y el amor desatados están más cerca de la aflicción de lo que crees y quizá, cuanto más oscile el péndulo de tu vida en estos momentos iniciadores de renacimiento, más podrás decir: «He vivido de verdad».

Activación de la Gran Madre

Estoy lista para aceptar los extremos de esta vida humana.
Ablando y abro mi corazón a todo y a través de todo.
Acepto la expansión y las profundidades.
Me rindo al sueño más salvaje de mi alma.

Deposito todo lo que llevo en el altar de la Gran Madre
y me dejo caer en sus brazos.

△
LAS PUERTAS DE INICIACIÓN
DE LA VIDA

«Mi alma es el puente entre el espíritu y el cuerpo y, como tal, es la que une los opuestos. Si no la tuviera en el centro, o bien trascendería y sería espíritu o me quedaría atrapada en la materia».

MARION WOODMAN

CUANDO NUESTRA ALMA elige experimentar una vida aquí en la Tierra, hay dos iniciaciones que todos compartimos, seamos quienes seamos: el nacimiento y la muerte. Son lo que nos une y en ellas vas a encontrar descodificados los secretos de la Vida y del renacimiento.

Todos hemos estado en el mundo oscuro y acuoso de una madre biológica antes de hacer nuestra entrada en este mundo. Su cuerpo es el portal en el que el alma se gesta y por el que viaja. Cuando crecemos, cada uno de nosotros y nuestro viaje es único.

¿Ha sido el alma quien conscientemente ha elegido o predestinado nuestro camino vital y sus circunstancias? ¿Soñamos con estar aquí? ¿Y cuándo, oh, cuándo, vamos a exhalar nuestro último aliento y viajar más allá? Estos son los grandes misterios del nacimiento y de la muerte, de la vida humana en la Tierra.

El alma es lo que nos posibilita la vida. Es nuestra esencia inextinguible y única. La chispa de vida que está presente cuando exhalamos nuestro primer aliento y que continúa hasta el último. Sin ella, «nosotras» no existiríamos aquí. No tienes más que ver un cuerpo después de que el alma lo haya abandonado para saber que lo que animaba a la persona ya no está ahí. Lo único que queda es un receptáculo de materia, huesos, órganos, cabello y carne. La vida se ha ido. El alma no está. Muy pronto, este vehículo se descompondrá; sin el alma en su centro, la parte que hace que seamos lo que somos ya no está aquí.

¿Y si el propósito de la vida es dar la bienvenida a más cantidad de nuestra alma en todas las células de nuestro cuerpo? Cuanta más alma recibimos, más fuerza vital tenemos y más nos convertimos en «nosotras». ¿Es eso lo que significa aceptar renacer en la mitad de nuestra vida? ¿Es eso a lo que se referían los chamanes cuando hablaban de «morir mientras se sigue viviendo plenamente»?

Cada vez que *despertamos*, permitimos que más cantidad de nuestra alma y de nuestra fuerza vital estén aquí, en esta vida, en este cuerpo, en este planeta, en este momento. Cada vez que *cambiamos*, recibimos esta oportunidad. De expandirnos: de permitir que la vida nos abra y facilite la entrada de más fuerza vital. Cada vez que nos *afligimos*, recibimos esta oportunidad. De dejar que la vida ensanche más nuestro corazón. De expandirnos: de abrirnos y permitir la entrada de más vida. Cada vez que tenemos un *desafío*, recibimos esta oportunidad. De expandirnos: de abrirnos y permitir la entrada de más vida. A lo largo de toda nuestra existencia se nos invita a despertar y luego a expandirnos y abrirnos para dar entrada a más fuerza vital, a más alma, a más espíritu. La única constante de la vida, el *cambio*, es el gran impulsor de esta expansión, pero tenemos que aceptarlo.

Un nacimiento, una muerte, un amor, una pérdida, un descubrimiento, un final, un principio... En estas puertas de iniciación se nos invita a permitir que la vida nos cambie, nos expanda y nos abra: espiritual, emocional, mental y físicamente.

De todas formas, esto resulta más fácil de decir que de hacer, porque, para que se produzca la transformación (porque cambiar *es* transformarse), debemos estar dispuestas a dejar de aferrarnos a cómo eran las cosas y a permitir que se produzca un renacimiento. En las puertas de iniciación de la vida se nos presenta una posibilidad de elegir: aceptar el cambio y la transformación o cerrarnos a ellos. Rendirnos al gran misterio de la vida o intentar controlarlo. Abrir nuestra mente al misterio desconocido de la vida o cerrarla en un intento de encontrar certidumbre.

Una posibilidad nos expandirá, aumentará nuestra fuerza de vida e invitará al espíritu a que penetre más en nosotras. La otra nos cerrará, endurecerá nuestro corazón, nos cerrará la mente y disminuirá nuestra fuerza vital. Cada vez que aceptamos el cambio, nos expandimos y nos despertamos un poco más. Entra más luz en nuestro cuerpo físico y nuestras células, nuestra mente y nuestro corazón deben expandirse para recibirla. Cuando eso sucede, se produce a menudo un periodo de purgación y purificación en el que podemos tener la sensación de que estamos retrocediendo, aunque en realidad nada podría estar más lejos de la verdad.

He observado que cada expansión viene acompañada de su contracción correspondiente porque nos preparamos para corporizar e integrar el cambio que se ha producido. En estos momentos de contracción, debemos llorar aquello que fue para que nazca lo que va a ser. Y mediante la rendición, mediante la corporización, nos hacemos cada vez más nosotras mismas a medida que más cantidad del alma se hunde en las células y, al hacerlo, más íntima y físicamente capaces somos de experimentar lo divino. Nos convertimos de verdad en el puente que permite que el cielo y la tierra se encuentren y se fundan.

El viaje del despertar no es para las débiles o las de corazón cerrado. Es el camino del corazón tierno, abierto, místico, creativo e intuitivo. No trae mapa externo, se nos pide que nos dejemos conducir por el pulso sagrado que albergamos en nuestro interior. La única guía segura es la propia Vida. Lo bueno es que tú formas parte de la Vida misma, porque eres parte de la naturaleza y esta sabe cómo expandirse y despertar. Nunca permanece estancada ni se resiste al cambio y a la transformación. Sabe cómo entregar a la Madre Tierra lo que fue por la oportunidad de volver a hacerlo. El renacimiento está en su impronta. Y, como tú eres naturaleza, también lo está en la tuya.

PREGUNTA DEL ALMA

¿Cómo estás cambiando en este mismo momento?

El núcleo de lo que era estaba en transición

Mitad una cosa, mitad la siguiente.
El desmoronamiento era necesario.

Los pétalos de las flores que
en su momento cautivaron a otros,
regresando a la tierra,
a la tierra, a la tierra.

La transformación era inminente.
Los yoes futuros la instaban a que se rindiera
al manto de la noche más oscura.

Su alma estaba programada para profundizar más que nunca.

Δ

EL ASCENSO: EL DESPERTAR
DE LA MENTE, EL CORAZÓN Y EL CUERPO

E L PLANETA SE ESTÁ DESPERTANDO. Se está conectando. La humanidad está cambiando. Transformándose. Evolucionando. Y necesita hacerlo. Tú formas parte de esta evolución. Sin embargo, despertar y sanar no son cosas fáciles ni bonitas. Tienen subidas y
bajadas. Ascensos y descensos. A la expansión le sigue la contracción, y la contracción viene seguida de la expansión, y si nos rendimos de verdad, se produce un renacimiento. Así es como funciona
la naturaleza. La transformación es la cosa más natural del mundo.
Sin embargo, es imposible si algo no termina primero, y eso exige
rendirse a lo desconocido.

¿Está nuestro proceso de despertar cambiando con el planeta?
¿O hay principios y etapas ancestrales a las que podamos seguir la
pista y mapear? Aunque no hay dos caminos del alma que sean
iguales, y aunque el viaje del despertar no termina jamás, a partir
de mi propia experiencia y después de haber sido testigo de la de
miles de personas, me he dado cuenta de que el proceso del despertar tiende a empezar con una sucesión de aperturas hacia arriba
que denomino el *ascenso.*

Implica una expansión o despertar de la mente, el corazón y el
cuerpo que juntos crean una abertura que invita al alma a encarnarse, a entrar en la materia, a profundizar un poco más que antes. A
través de las expansiones del ascenso podemos experimentar revela-
ciones universales, visiones espirituales, habilidades psíquicas poten-
ciadas, una conexión profunda, conciencia de unidad, interconexión,
amor incondicional e incluso brotes de éxtasis y dicha. Y, mediante
sus contracciones correspondientes, podemos experimentar estados
aparentemente más negativos mientras procesamos lo que se ha eliminado de nuestro cuerpo físico, emocional y espiritual.

EL DESPERTAR DE LA MENTE

Para muchas personas, la primera etapa del proceso del despertar es una expansión hacia arriba de la conciencia que está asociada con el intelecto y la mente consciente. De repente vemos el mundo con nuevos ojos. Nos desconectamos de lo que nos habían dicho que era verdad y nos enchufamos a una conciencia diferente, más interconectada. Vemos el lugar que ocupamos en el cosmos y nos cuestionamos el significado de la vida. Sin embargo, todo esto proviene de un entendimiento mental y no de un conocimiento interior profundo.

Pasamos de vivir en un trance inconsciente a hacerlo en algo mucho más consciente. Tenemos la sensación de que ha despertado un mundo completamente nuevo, y en cierto sentido así ha sido. Pero en realidad solo estamos despertando y abriendo los ojos para ver las cosas tal como son, pero de un modo más profundo. Esta etapa puede desencadenar lo que denomino la noche oscura de la mente o del ego. El mundo no es lo que creías que era, y por eso necesitas crear un terreno nuevo y más estable sobre el que edificar tu vida.

El despertar de la mente puede parecer como un destino al que has llegado o llegarás cuando conozcas esta nueva conciencia a través de la recopilación de información. Sin embargo, cuando te aferras a esto, llegará un momento en el que soplen los vientos del cambio y te des cuenta de que despertar es un viaje, no un destino, y que ese viaje no termina nunca. No has hecho más que empezar y, cuanto más creas que sabes, menos podrás hacer.

EL DESPERTAR DEL CORAZÓN

Cuanto más profundices en tu viaje de despertar, más fácil te resultará caer en tu corazón. Este es el hogar el alma, el puente entre el cielo y la tierra. Es el primer órgano que se desarrolla y, cuando deja de latir, nuestra forma humana deja de existir. Cuando tu corazón se despierta, descubres quién eres realmente, más allá de lo que el mundo haya dicho. Consigues conectarte con la parte ancestral de ti que existía antes de que dieras tu primer aliento. No eres quien creías que eras, ya no eres esa persona, y abres la puerta al descubrimiento de tu auténtico yo o de lo que eres al nivel del alma. El ego pierde su fuerza y se te invita a entrar más profundamente en el corazón místico e intuitivo.

El despertar del corazón puede ser espontáneo o gradual y a menudo se desencadena por la aflicción, la ruptura o la pena. Y, si encontramos una forma de mantenerlo abierto a través de la pena, a menudo despertamos o se nos da la oportunidad de hacerlo de una forma todavía más profunda. Esto puede llevar un tiempo y un cierto duelo, porque perdemos el agarre a la vida que hemos creado conscientemente para fabricar otra que nos resulte más auténtica. Cuando nuestro corazón está despierto, estamos conectadas con nuestra alma y somos más capaces de conectarnos con las de los demás. Cuando vivimos con un corazón despierto, podemos acceder a una compasión, una empatía y un entendimiento más profundos.

Las personas más compasivas que conozco son aquellas que han sido más heridas, que han decidido que eso las ablande en lugar de endurecerlas y que han sobrevivido para contarlo. Cuando tienes el corazón roto y tus peores miedos se han hecho realidad, desarrollas una audacia que, si se lo permites, puede suscitar valentía. Cuando estás ahí, en medio de los escombros, consigues saber quién eres realmente desde una perspectiva del alma que va más allá de lo que otros dicen que eres. Vivir de forma auténtica y congruente se vuelve cada vez más importante cuando se magnifica tu capacidad para reconocer lo que está en armonía y lo que está desalineado.

Cuando tu corazón está abierto, expandido, ablandado y despierto, las cosas son distintas. Cuanto más abierto esté, más fácil te resultará sentir y ver el corazón de los demás. Cuando nos conectamos con la fuerza incondicional y poderosa del amor, puede producirse un periodo de limpieza, y todo lo que no sea amor desaparece. Algunas personas experimentan una especie de dicha y paz al entrar en el néctar meloso y extático de la vida.

EL DESPERTAR DEL CUERPO

Cada vez somos más los que estamos experimentando un despertar físico de la energía espiritual dormida del cuerpo conocida como Kundalini Shakti. Esta energía puede producir muchos efectos secundarios, desde sacudidas físicas hasta brotes de dicha extática, y desde purgación física y emocional hasta tener visiones espirituales de vidas anteriores o recuerdos ancestrales.

Esta etapa del viaje del despertar espiritual es un tipo de activación de aquello que ha estado dormido en el plano físico y se nos llama a una experiencia muy directa de la divinidad que se mueve a través del cuerpo físico. Cuando Shakti se mueve por nuestro organismo, podemos descubrir que, a nuestra manera exclusiva, somos capaces de volver a conectarnos con nuestra naturaleza sensual y extática y de tener una experiencia de vida más plena a través de los sentidos del cuerpo. Para muchas personas, esta fase puede resultar muy sanadora, sobre todo si las criaron de una forma que considerara el cuerpo cualquier cosa menos sagrado. Para algunas puede ser algo sutil, pero para otras resulta mucho más intenso.

A lo largo del despertar de la mente, el corazón y el cuerpo, grandes visiones, descargas intuitivas y experiencias espirituales nos mantienen cautivadas y nos inspiran a comprometernos con la expansión perpetua, la danza constante entre la trascendencia y la inmanencia, la expansión y la contracción. En estas etapas estamos en la parte emocionante y aventurera de nuestro viaje de despertar.

Más adelante, para algunas personas, años o incluso décadas después, tras el ascenso viene el descenso y el alma recibe la invitación de encarnarse de una forma aún más profunda. Son las noches oscuras del alma en la que se nos invita a penetrar en las profundidades, a descender a la tierra de nuestras células, de la humanidad y de la Madre Tierra. Aquellas que cruzan este umbral, entran en una fase iniciadora de despertar completamente nueva en la que penetraremos juntas en el próximo capítulo.

PREGUNTA DEL ALMA

¿Te identificas con las etapas de despertar descritas?
Si así fuera, ¿cuáles has experimentado?
(Recuerda que el proceso de cada persona es único).

Se despertó en mitad de su vida
y fue astutamente consciente:

la noche oscura del alma
era un canal del parto
y se estaba volviendo a parir a sí misma.

Renacimiento △

EL DESCENSO:
LAS NOCHES OSCURAS DEL ALMA

«No puede haber renacimiento sin una noche oscura del
alma, una aniquilación total de todo aquello en lo que creías y
de lo pensabas que eras».

HAZRAT INAYAT KHAN

ALGUNAS PERSONAS llenan de encanto el proceso del despertar
espiritual dando a entender que es sobre todo luz y amor, alturas en expansión, conciencia de unidad, paz profunda, dicha extática y visiones espirituales. Una cosa es segura; no han atravesado
las noches oscuras del alma. Esta fase es lo que yo denomino «el
descenso», porque muy a menudo nos vemos lanzadas al inframundo de nuestro cuerpo, de la Tierra, de la humanidad, de nuestros
ancestros y del pasado.

Esta parte del proceso de despertar espiritual es en la que muchas de nosotras nos encontramos en este momento. Y no existen
muchos mapas que nos ayuden a recorrerla. Aquí es donde se nos
invita a descender a lo que ha estado oculto en las sombras, heredado, sometido, silenciado, ignorado o sorteado. Y no solo por nuestra parte. Nos enfrentamos cara a cara con las heridas que tenemos
profundamente guardadas en las células de nuestro cuerpo y que
provienen de nuestra infancia, de nuestros ancestros y del colectivo. Y muchas encuentran a la Gran Madre esperándolas allí.

Se nos invita a profundizar más que nunca antes de dar la
bienvenida a más parte de nuestra alma para que penetre en nuestro cuerpo y en el planeta. Y, al hacerlo, descubrimos las partes
perdidas de nosotras mismas que exigen ser apoyadas y reconocidas y que nos piden que permanezcamos con ellas aceptando las
sensaciones que nos producen para poder sanar.

Para algunas, el descenso puede estar provocado por los tránsitos astrológicos de la mitad de la vida o por una iniciación, como una pérdida, una muerte, un cambio significativo, un acontecimiento global o cultural o una experiencia mística. También puede llegar de una forma más gradual cuando el cuerpo se recupera de las fases expansivas y energéticamente activas del ascenso.

La expansión hacia arriba de las etapas anteriores del despertar, que describimos en el capítulo anterior, crea un espacio para que el espíritu pueda profundizar más en la materia. Y algunas de nosotras nos vemos lanzadas al inframundo, cada vez más hondo, hasta la tierra y los huesos de nuestro cuerpo, donde empezamos a procesar el trauma personal, colectivo e intergeneracional que hasta ahora no nos hemos sentido suficientemente seguras como para sentir y afrontar.

Este es el largo invierno interior del viaje espiritual. Y solo si nos rendimos a su misteriosa inteligencia podrán regresar los capullos de una primavera nueva. Son los días lacerantes y sagrados del renacimiento. De la transfiguración. De morir y renacer mientras se sigue viviendo plenamente. Si decidimos cruzar este umbral, se nos invita a permitir que nuestra alma entre más plenamente en nuestro cuerpo y en el planeta. Puede resultar doloroso, porque nos vemos obligadas a enfrentarnos a toda la separación y las sombras que encontramos en el camino. Debemos hacer frente a la polaridad y la separación de esta vida humana. Y tarda el tiempo que tarda, que a menudo es mucho más del que querríamos.

En la oscuridad del descenso, podemos sentirnos desconectadas de la cálida luz de la divinidad que antes sentimos y conocimos de forma tan íntima. Podemos descubrir que las prácticas espirituales, las enseñanzas y las formas de vida que anteriormente nos alimentaban y nos sostenían de un modo tan profundo ya no funcionan como lo hacían. Esto no significa que sean equivocadas, sino sencillamente que ahora estamos en un lugar diferente.

ENTRAR EN EL VACÍO FÉRTIL

Tras mi experiencia mística con la Gran Madre, seguí siendo llamada a penetrar más profundamente en mi cuerpo y en la Tierra. La Diosa venía a mí cada noche en mis sueños y yo me despertaba a menudo oliendo la tierra oscura y húmeda. Vírgenes negras aparecían por doquier y mi hogar se convirtió en un santuario a la Diosa en sus muchos rostros. Las prácticas espirituales que anteriormente me habían servido tan bien en mi viaje de despertar ya no parecían hacerlo y no podía sacudirme un impulso repentino de estar en la naturaleza todo el día. También me diagnosticaron una enfermedad crónica y me vi obligada a dar prioridad a mi cuerpo.

Durante este tiempo, tuve la sensación de que una gran parte de mi vida empezaba a desmoronarse. Los pedestales irreales en los que había colocado a mis ídolos y maestros comenzaron a venirse abajo. Las estructuras que anteriormente me habían parecido estables empezaron a temblar y cualquier cosa que estuviese en las sombras comenzó a aflorar. De una manera increíble, mi marido, Craig, había tenido una experiencia mística un par de semanas antes que yo, lo que le cambió por completo y le hizo cuestionarse su propia llamada y su propósito en la vida.

Ambos sentíamos un profundo anhelo de vivir más en armonía con la naturaleza y en algún lugar que pudiéramos costearnos con más facilidad. Tras más de una década residiendo en Londres, decidimos mudarnos a Glastonbury, un pueblo en el sudoeste de Inglaterra en el que sentía que mi conexión con la Diosa era más fuerte. Fue algo inesperado, pero profundamente dirigido.

Poco a poco me fui conectando con la Gran Madre Diosa en mis paseos diarios por las tierras de Glastonbury y empecé a recibir descargas de las prácticas espirituales que más necesitaba. Todas ellas estaban centradas en conectarme con el pulso sagrado e inteligente de la Tierra o en dejarme caer en los brazos de la Gran Madre: desde conectarme con el pulso de la Tierra hasta caminar por la naturaleza de manera intuitiva; desde el *cocooning* en el bosque (una práctica de renacimiento profundamente restauradora que cocreé con mi amiga Tasha Stevens) hasta canalizar mensajes de la conciencia de la naturaleza, como las plantas; desde la danza intuitiva, en la que la inteligencia del cuerpo procesa a través del movimiento los sentimientos atascados, hasta respirar con los árboles, y desde las meditaciones con infusiones hasta la práctica de manifestar como una flor.

Con cada paso que daba y cada práctica femenina nueva, era como si mi alma fuera invitada a dejarse caer cada vez más profundamente en los brazos de la Gran Madre, de la Tierra, de la humanidad y de mi cuerpo. Empecé a compartir todos los meses estas nuevas prácticas con mi comunidad en línea, The Sanctuary, y las realizamos juntas. Por aquel entonces no lo sabía, pero estas prácticas me iban a sostener, tanto a mí como a las demás, durante el descenso más profundo de las largas noches del alma que vendrían a continuación y, más adelante, formarían parte de la formación de The Inner Temple Mystery School que creé.

Algunas de las que estamos experimentando las noches oscuras del alma podríamos tener la sensación de que estamos retrocediendo o incluso perdiendo la cabeza, porque estamos sintiendo, purgando, procesando y limpiando muchas más cosas aparte de las nuestras. Estamos haciéndolo en favor de los pasados, los presentes y los porvenires. Es como si el alma tuviera una cita, como si eligiera este cuerpo, esta vida, este tiempo.

Ahora las cosas son diferentes, tú eres diferente, el mundo es diferente. Has sido lanzada al gran misterio de la vida y la única forma de salir es atravesándolo.

El descenso puede resultar más fácil si hay personas en tu sistema que estén dispuestas a hacerlo contigo. O a permanecer despiertas a tu lado. A sostenerte la cabeza, el corazón y los pies para darte seguridad. Sin embargo, muchas almas llegan a linajes y sistemas que están profundamente dormidos o que se resisten al cambio. Si ese es tu caso, debes saber que, si tu alma lo ha elegido, tienes que hacer lo que sea necesario para superar incluso la noche más oscura, después de la cual siempre llega la aurora más brillante. Puedes tener la sensación de que te estás muriendo, metafóricamente hablando, pero de hecho estás en lo más hondo del pasaje largo de iniciación de tu propio renacimiento.

Las noches oscuras del alma invitan a esta a entrar con más plenitud en nuestra encarnación y a buscar lo sagrado que siempre ha estado ahí. Nuestra alma se ve lanzada cada vez más profundamente a nuestro cuerpo, nuestros ancestros, la Tierra y nuestra humanidad.

Durante el descenso, el alma y el espíritu pueden tejerse plenamente en lo físico de una forma completamente distinta. Se cosen. El cielo y la tierra se convierten en uno. Lo sagrado y lo físico se funden. Aprendemos que podemos experimentar lo divino en nuestro cuerpo. Podemos ir directamente a Dios, porque Él está dentro de cada una de las células. La vida y la muerte danzan juntas por siempre. El espíritu está plantado en lo físico y el alma es la semilla que permite que todo eso suceda.

Cuanto más desciende nuestra alma, más alto podemos ascender. Contracción, expansión, contracción, expansión. Cuanto más profundamente nos encarnamos, más profundamente podemos estar presentes para otras personas. Toda la separación y el dolor afloran para ser sanados. Es un tránsito en la vida que percibimos como si la conexión que teníamos con el Espíritu de la Vida nos hubiera abandonado en cierto sentido y nos vemos cara a cara con todo aquello que no es amor y luz.

APRENDER A VER EN LA OSCURIDAD

Durante las noches oscuras del alma, no se puede dar un rodeo. Después de todo, es el descenso: a la Tierra, a nuestro cuerpo, a nuestro inframundo. Es posible que recibamos iniciaciones inesperadas en las que caemos de rodillas y cuestionamos todo lo que previamente habíamos creído de corazón. Se nos invita a rendirnos al gran misterio en lugar de tener certidumbre y nuestra humanidad se ve humillada de una forma difícil de describir. Nuestro corazón se estira y nos vemos golpeadas para regresar a la Tierra y a la humanidad de una forma mucho más profunda que antes. Durante mi descenso, acompañada por la energía de Diosas madre oscuras como Deméter, Hécate, Innana, Kali, Tara, Isis, María Magdalena, la Virgen Negra, Ishtar y la Morrigan, fui conducida de vuelta a mi cuerpo, a mis ancestros y a los brazos de la naturaleza. Aprendí a ver en la oscuridad y descubrí que lo que parecía una tumba era en realidad un útero a través del cual iba a aprender a sostenerme y a parirme a mí misma.

En su libro de 1913 *La mística*, la poeta mística inglesa Evelyn Underhill escribió sobre el camino del despertar describiéndolo como una forma mística en la que se puede establecer una relación directa con lo sagrado. Registró los cinco pasos de una vida mística: despertar, purificación, iluminaciones, noche oscura del alma y unión. Lo que somos cuando entramos en la noche oscura y lo que seremos cuando volvamos a reaparecer no es la misma persona. La única forma de atravesar las noches más oscuras es sacrificar lo que fuimos para nacer de nuevo. Aquí es donde experimentamos una muerte metafórica mientras estamos en la mitad de nuestra vida.

La nube del no saber, un texto espiritual del siglo XIV que inspiró a místicos tan grandes como San Juan de la Cruz, lo describe de esta manera: «Hagas lo que hagas, esta oscuridad y la nube se encuentran entre tú y tu Dios y te impiden verlo claramente a la luz del conocimiento en tu razón y de experimentarlo en la dulzura del amor en tus sentimientos».

El descenso es la parte del viaje espiritual que preferiríamos poder saltarnos. Y, sin duda, no es lo que escogimos cuando nos embarcamos en él o accedimos a profundizar más. Me pregunto si esta es la parte en la que los antiguos místicos se dejaban de tonterías y se iban a una cueva del campo. ¿Lo hacían solo para estar en unión con la amada o también para procesar sus noches oscuras lejos de la sociedad y de los observadores inocentes, que tendrían que ser testigos de la tumultuosa purgación y purificación que acompañan al proceso? Las mayores profundidades del mío se produjeron cuando tenía que cuidar a un recién nacido, por lo que mi retirada de la sociedad hacia la cueva mística tuvo que posponerse y no me quedó otro remedio que hacerla en mitad del ajetreo de mi vida cotidiana. Quizá a ti te pasó lo mismo. En otras personas que están atravesando sus noches más oscuras he observado la misma ansia profunda de estar en la naturaleza que sentí yo. Un anhelo de regresar a la Tierra. A nuestro cuerpo. A nuestra humanidad. A nuestra ascendencia. De regresar al campo y a los brazos de la Madre/Femenino Sagrado que lleva tanto tiempo ausente.

Envueltas en las noches más oscuras, aparentemente separadas de la divinidad que tan bien conocíamos, se nos invita a buscar el cielo en la semilla y en la célula, en las flores, en las aguas, en los árboles. En nuestros seres queridos, en nosotras mismas y también en nuestros enemigos. En la naturaleza era donde yo sentía más paz y empezaba a ver a Dios donde antes no lo había visto: en las flores, las piedras, las aguas, las plantas y los árboles. En las montañas, las estaciones y en toda la Vida en su conjunto. ¿Se debía a que, como especie, nos hemos desconectado de la naturaleza y, con ello, del Espíritu de la Vida? ¿Nos vuelve a conectar el descenso con él? ¿Sucede como parte de la supervivencia de la humanidad sobre la Tierra, que nos invita a regresar a nuestro hogar y a protegerlo, o forma más bien parte de nuestra evolución espiritual, con independencia del estado del planeta en el que y sobre el que nos encontramos?

Creo que somos muchísimas las que hemos estado atravesando una noche oscura colectiva del alma. Y, aunque los antiguos místicos, sabios, chamanes, sanadores y santos ya habían documentado esta parte del viaje espiritual, ahora estamos viviendo tiempos distintos. Una época de grandes cambios, urgencia y despertar.

Es posible que el hecho de tener que aprender de manera colectiva a gestionar al mismo tiempo tantos asuntos complejos, como el calentamiento global, las guerras, los genocidios, los ecocidios, el colonialismo, el capitalismo, el patriarcado, un conocimiento más profundo del trauma intergeneracional —que parece estar surgiendo para que lo sanemos colectivamente— y la mayor esperanza de vida, entre otras cosas, sea el motivo de que el tiempo en el que estamos viviendo sea único.

Como sociedad intentamos evitar el cambio y los potentes maestros del invierno y el otoño, de la muerte y el envejecimiento; hemos olvidado la gran sabiduría que imparten estos portales sagrados y, por ello, permanecemos dormidos. Sin embargo, si encontramos el camino de vuelta a las enseñanzas de la naturaleza, comprobaremos que allí nos está esperando la escuela de misterio más antigua. Nos mostrará que la Vida está siempre intentando iniciarnos para que nos convirtamos en más de nosotras mismas y descubriremos que la oscuridad no es solo el final, sino también el principio. Y, si aceptamos esta oscuridad y el gran misterio, muy pronto volveremos a nacer.

EL RENACIMIENTO: EL REGRESO

Muchos místicos hablan de una etapa posterior a las noches oscuras del alma en la que experimentamos una fusión íntima con el amado al regresar del inframundo completamente cambiadas. Tras lo que parece una eternidad en la oscuridad, nuestra alma resurge transformada. Resulta difícil definirlo: sabemos que ninguna parte de nosotras es lo que éramos y, sin embargo, somos más nosotras mismas que nunca. Las noches oscuras nos han enseñado a ver en la oscuridad y que en ella es, en realidad, donde renace toda vida. Nuestros peores miedos se han hecho realidad y hemos sobrevivido, lo que nos aporta una fuerza arraigada e inmutable, fe y una posesión que nadie nos puede arrebatar.

Y, aunque en algunos sentidos tenemos la sensación de haber vuelto al lugar en el que estábamos, de haber regresado, nada podría estar más lejos de la verdad, porque no somos la misma persona y el único viaje que hemos realizado ha sido en lo más profundo de nuestro ser. Las noches oscuras traen consigo una gran lección. Cuando hemos caído de rodillas, hemos dado con el vientre contra el suelo, hemos hallado el templo en el corazón, encontramos un hogar que no nos podrán arrebatar jamás. Y, desde este suelo firme, podemos profundizar más nuestras raíces y hacer que nuestro corazón se ensanche más que nunca.

Es imposible renacer si no nos rendimos totalmente a lo desconocido. Debemos sacrificar lo que éramos y nuestra forma de entender el mundo para poder renacer en mitad de nuestra vida.

Y la encarnación sagrada no es posible sin el descenso; cuando nos adentramos en nuestro cuerpo, en cada una (humanidad), y volvemos al jardín de la Tierra, integramos todo lo que hemos aprendido en las distintas fases de nuestro viaje espiritual. Quizá, cuanto más nos adentramos en lo físico, más alto podemos volar en lo espiritual. Quizá el objetivo del viaje del despertar es traer el espíritu a la materia, dar forma a la luz; es posible que las noches oscuras del alma pretendan que lo encarnemos todo.

Estamos viviendo en tiempos entre tiempos. En tiempos de renacimiento. De transfiguración. Una noche oscura colectiva del alma. Es posible que lo que nos parece una muerte pueda ser en realidad nuestro renacimiento individual y colectivo.

PREGUNTAS DEL ALMA

¿Alguna vez has atravesado las noches oscuras del alma?
Si así fuese, ¿cómo te cambiaron?

Si estás en ellas en este momento, ¿cómo te están cambiando?

El descenso

La purificación no era bonita.
Hacía que tanto ella como los que la rodeaban
y no lo habían vivido
consideraran que estaba retrocediendo, cuando no era así.
No tenía un aspecto iluminado,
pero la purgación era sin duda iluminadora,
algo más ancestral en su interior.

La pesadez que existía antes que ella.
Aquello mismo que su alma vino aquí a limpiar.
Liberarse de la densidad, la rabia y la aflicción de todos
aquellos a los que los antiguos no habían permitido hablar.
De tiempos en los que no era seguro hacerlo.
La misma densidad que nos mantiene atascadas y dormidas.

Si hubiera nacido en una época diferente,
en una tierra diferente,
habría sido venerada por lo que
su alma tenía el valor de hacer.
Pero en estos tiempos, seguía siendo
mal diagnosticada e incomprendida.

Solo aquellos que habían atravesado
sus propias noches oscuras sabían cómo
estar a su lado para apoyarla.

Un iniciado se da cuenta de que otro también lo es cuando lo ve,
y sabe que nadie puede regresar del inframundo
sin hacer frente primero a los demonios interiores.
Sin embargo, al resurgir, no solo
habrá renacido.
Su presencia tendrá también el potencial de dar vida
a algo dentro de alguna otra persona.

△
DEJA QUE SE DESMORONE, DÉJALO CAER

EL FINAL ES TAMBIÉN EL PRINCIPIO. El desmoronamiento se produce para que puedas encontrar tu terreno. La caída tiene lugar para que puedas ver un camino nuevo a través de los árboles. Te desprendes para abrir espacio para expandirte y crecer. Si el desmoronamiento, la caída y el desprendimiento no se producen, las cosas se estancan, se asfixian y se pudren y, entonces, no puede crecer nada nuevo.

Es probable que lleves un tiempo sintiendo que los vientos están cambiando. Quizá al principio eran suficientemente suaves como para que pudieras ignorarlos, pero ahora ya no. Puedes percibir en el manto de la noche este tiempo de transición, estos vientos cambiantes e impredecibles, cuando el resto del mundo está durmiendo.

No temas el cambio de las mareas, porque está entrando una corriente nueva. Está diseñada para sacarte al mar y transportarte hacia otras costas. Sin embargo, primero debes zambullirte en estas aguas inexploradas y permitir que te arrastren. Cuanto más tiempo dediques a luchar contra ellas, más te agotarás. Porque la dirección del viaje estaba ya elegida antes de que exhalaras tu primer aliento. Mantén tu corazón en el cielo y los brazos abiertos de par en par. Cuanto antes lo hagas, más pronto descubrirás que, en realidad, la Vida está de tu lado.

Sé que asusta; transitar por estos tiempos de cambio siempre lo hace. Pero a estas alturas, ya tienes experiencia suficiente como para reconocer que esta es una parte crucial de tu camino. Las almas que están ahora en la Tierra están cambiando a un ritmo muy rápido. Después de llevar milenios dormidas, se las está empujando a despertar y a limpiar las líneas ancestrales.

Las almas que están despiertas y aquí en este momento son las que lo harán en nombre de aquellas que vinieron antes que ellas y de las que están por venir. Ellas también contribuyeron a todo esto de un modo que no eres capaz de descifrar. Sé que en estos instantes tienes la sensación de que lo más consolador es aferrarse, pero ¿no recuerdas que viniste aquí para parir de nuevo este mundo?

Por tanto, venid soñadoras, venid rompedoras de ciclo, venid valientes, venid poderosas de corazón. Reunámonos y permanezcamos fieles a aquello que elegimos desde el principio.

PREGUNTA DEL ALMA

¿Qué se está desmoronando o viniendo abajo?

Las partes de ella que se estaban muriendo
se aferraban a su vida.
No estaban dispuestas a irse en silencio.
La instaban a no olvidar
los buenos momentos que habían disfrutado.

Y los momentos en los que la habían protegido
    con tanto ardor.
Le decían que, sin ellas, no iba a ser la que era
ni podría ocupar el lugar que ocupa.
Y tenían razón.

Ella depositó pétalos de rosas a sus pies.
Se ablandaron y le transmitieron que
tenían miedo al gran desconocido.
Y también estaban emocionadas acerca del gran desconocido
que estaban a punto de conocer.

Algunas partes de nosotras
están siempre muriendo △

△
¿CÓMO INTENTA INICIARTE LA VIDA?

L OS EXTREMOS DE LA VIDA son los que más nos inician. Y son momentos extremos. La vida está siempre intentando iniciarnos para que nos convirtamos en más de lo que realmente somos. Como individuos, como seres humanos, como un planeta. En estos momentos, ¿cómo está la Vida intentando iniciarte?

En épocas de soledad, se nos insta a girarnos hacia nuestro interior. En épocas de turbulencia, se nos llama a dejar de aferrarnos a aquello con lo que ya no nos identificamos. En esos instantes en los que se nos rompe el corazón, se nos llama a encontrar una forma de permitir que nos abra. En todos los momentos se nos llama a conectarnos con nuestra verdadera naturaleza interior y con la interconectada de la Vida en su conjunto.

En tiempos extremos como estos es cuando podemos ver con claridad qué es lo que ya no nos resulta sostenible. Son esos en los que, si nos giramos hacia nuestro interior, podemos ver nuestra vida con otra luz. Podemos ver todo lo que no importa. Todo lo que hemos dado por sentado. Que el hecho de estar viva en este planeta constituye un gran privilegio.

La vida está siempre intentando iniciarnos, y en lo más profundo de nuestro ser sabemos que la única forma de rendirnos a la iniciación es someternos al poder innato y al gran misterio que albergamos en nuestro interior. Este poder es interno, pero también está conectado con la inteligencia que existe en la Vida en su conjunto. Es la misma que les dice a las flores cuándo deben abrirse y que estaba presente cuando creciste en el útero de tu madre. Confía en él. Te conducirá a través de esto.

Acepta la muerte segura del pasado. Ríndete a lo que está queriendo nacer a través de ti. La vida está siempre intentando iniciarnos para que nos convirtamos en más de lo que realmente somos;

puedes resistirte o aceptarlo, pero la Vida continuará haciendo lo que sabe hacer. A muchas de nosotras, el cambio nos asusta, pero es la cosa más segura del mundo.

**Estar iniciada significa cruzar un umbral,
pasar de un estado de ser a otro.
A menudo exige un periodo de incertidumbre.**

No podemos volver a la situación que teníamos antes, pero todavía no está claro cómo va a ser la nueva. Por tanto, nuestra única posibilidad es atravesar el fuego de lo desconocido. Nos dirigimos al abismo para poder regresar al mundo cambiadas. Cuando cruzamos el umbral, está claro que las cosas ya no van a ser nunca como antes. Se nos pide que caminemos a ciegas hacia un mundo completamente nuevo y a una forma totalmente distinta de ser. Cambiadas para siempre. La vida está siempre intentando iniciarnos, pero pocas personas aceptan la invitación a hacerlo.

Llega un momento en el que la flor sabe que ya no puede permanecer por más tiempo en la restricción protectora del capullo. De algún modo, necesita confiar en la energía de nacimiento que está codificada en la Vida y rendirse a lo desconocido de la futura flor.

La misma energía de nacimiento existe en toda la naturaleza y en el parto, tanto literal como metafórico. Cuando las almas se preparan para entrar en este mundo, se producen contracciones. Cuando pasamos de una cosa a otra, se nos pide que hagamos estallar las restricciones de la semilla y luego la certidumbre del capullo para que pueda florecer algo nuevo. Y, cuando la flor ya esté aquí, deberemos afrontar otra iniciación cuando nuestros pétalos den lugar al fruto que vendrá a continuación, si así lo permitimos.

PREGUNTA DEL ALMA

En estos momentos, ¿cómo está la Vida intentando iniciarte?

Puedo percibir cómo yo misma me invito
a dar un paso al frente,
desde un lugar de todavía no.
Dejando pistas de aquello en lo que me voy a convertir,
que puedo sentir pero aún no ver.

Un coro de futuros yoes me canta.
Notas intemporales enviadas una por una,
de mí, para mí.

Llenan las cavidades inefables de mi corazón,
algo que las palabras son incapaces de hacer.

Convertirse △

△

RENACIDA

E N LAS SEMANAS Y MESES que siguieron a mi experiencia mística en el centro de la Tierra con la Madre Cósmica, podía seguir sintiéndola en lo más profundo de mi corazón. La potencia de la energía dulce y pura era como miel que recorría todo mi organismo. No le conté a mucha gente mi experiencia; había sido algo tan profundamente íntimo que quería mantenerlo cerca de mí y estabilizar la energía antes de compartirlo con el mundo.

Por la noche, la energía Shakti seguía trabajando a través de mí, lo que me provocaba sacudidas espontáneas en el cuerpo. Años antes, en el 2012, había experimentado otro despertar de Shakti que duró unos nueve meses. Sin embargo, lo que he aprendido acerca de los despertares de Kundalini Shakti es que cada uno de ellos es algo muy íntimo y completamente único que entrega al individuo aquello que más necesita. Y, aunque este despertar del cuerpo es algo completamente natural que en otras culturas se recibe con un gran apoyo y reverencia, en la mía no se sabía ni se sabe demasiado sobre él, por lo cual resulta algo bastante solitario.

La energía parecía contener una inteligencia y era incuestionablemente física. En el primer periodo del despertar de Kundalini Shakti del 2012, sentí como una espiral muy clara y ascendente de energía extática. Sin embargo, a partir del 2017, cuando emprendí el descenso, la energía estaba limpiando cosas de mis células y articulaciones, así como el trauma de la infancia y de esta vida que había heredado de mis ancestros y del colectivo a través de mis células.

Todo aquello que no se hubiera sentido debía sentirse para limpiarlo. Era como si, a través de mi experiencia mística, más parte de mi alma, de mi espíritu y de la energía universal hubiera entrado en mi cuerpo y se hubiera expandido por él y, con ello, hubiera despertado en el interior de mi cuerpo todo aquello que no se pareciera a ello para que fuera sanado. Había que sentir todos los momentos de separación —aflicción, dolor, rabia, vergüenza, recuerdos reprimidos, sentimientos no procesados y trauma—, míos propios, heredados y colectivos.

Fue como si el primer despertar de Kundalini Shakti hubiera estado destinado a reconectarme con el Espíritu de Vida, con el pulso inteligente y extático de la Vida. Y ahora, en el 2017, este profundo descenso, estas noches oscuras del alma, me estaban mostrando toda la separación que había experimentado en el plano físico. Expansión y contracción. Los opuestos. La polaridad del viaje del alma en este planeta con una invitación a casar ambos extremos: espíritu y materia, trascendencia e inmanencia, cielo y tierra.

Una noche, varios meses después de mi experiencia mística con la Gran Madre, la energía Shakti empezó a moverse a través de mí, que estaba tumbada en la cama junto a Craig, y entré en otro estado de trance espontáneo. Con los ojos cerrados, me encontré atrapada en el interior de un túnel oscuro, incapaz de salir de él. Tardé unos minutos, pero al final me di cuenta de que el túnel era el canal del parto. Una vez más, se me estaban mostrando las puertas de la Vida... ¡solo que esta vez volviendo a experimentar mi propio nacimiento, ocurrido treinta y seis años antes!

Sentí la intensidad de las contracciones, mientras me movía a través del cuerpo de mi madre, y luego salía del mundo acuoso de su útero, donde tenía cubiertas todas mis necesidades, a este mundo. Sobresaltada, inspiré por primera vez y, con ello, me sentí repentinamente abrumada por una sensación, que me recorría desde la cabeza hasta las puntas de los pies, de que había algo que estaba terriblemente mal. Y ese sentimiento se convirtió en una creencia de que había algo mal en *mí*. ¿De dónde procedió este pensamiento? ¿Era del cuerpo o del alma?

Experimenté el momento de separación de mi primer amor: mi madre. Lo sentí como una caída de la Gracia, una aflicción inmutable que seguía existiendo en mi interior. Me pregunté si todos seguimos albergando en lo más profundo de nuestro ser esa tristeza de ese primer momento de separación. Me di cuenta de que el nacimiento es una iniciación inmensa para el alma, pasar de la unión a la separación, del espíritu a la materia, para descender de verdad y encarnarse. Me pregunté si no había una forma de no sentir la pena de esta separación o si formaba parte del descenso del alma, de su encarnación en un cuerpo en la Tierra.

Se me mostró que esta experiencia tan temprana y otras que vinieron después estaban profundamente grabadas en mis células y habían conformado toda mi vida. Que esta impronta se transmite a nivel celular a lo largo de nuestro linaje. Que el trauma, el miedo, la creencia y la vergüenza se almacenan en las células y se transmiten también del mismo modo, y que en estos tiempos se nos está reclamando que sanemos en nombre de aquellos que no pudieron hacerlo.

Vi que esta creencia de que había algo malo en mí o de que había hecho algo malo antes incluso de respirar por primera vez me había estado dirigiendo toda mi vida. Me había llevado a esforzarme hasta el agotamiento en un intento inacabable de ser independiente y no necesitar a los demás y de intentar recibir amor y aprobación a través de mis actos, en lugar de saber que es algo innato por el simple hecho de existir.

Vi que esta separación que había experimentado (y que quizá tú también hayas sentido de una forma similar) nos impide conocer la inocencia sagrada que es nuestro derecho de nacimiento. Que esta creencia de que había hecho algo malo y de que había algo malo en mí me había llevado a métodos insanos de supervivencia que más tarde dieron como resultado una enfermedad autoinmune crónica y otros problemas de salud provocados por un sistema nervioso que estaba constantemente a la búsqueda de posibles amenazas y peligros.

Había creado un miedo a compartir mi voz y explicaba por qué me resultaba tan difícil mostrarme públicamente al mundo mientras mi trabajo se propagaba ampliamente. Vi entonces que estos trastornos eran también el crisol en el que mis dones creativos y mis sensibilidades se consagraban. Y aunque todo aquello no me servía en ese momento, me preguntaba por qué lo había elegido mi alma.

Años más tarde, mientras amamantaba a mi hijo recién nacido, mi madre me contó un dato que desconocía y que me ayudó a comprender esta experiencia mística en un nivel más profundo. Según me explicó, el día en que nací había más bebés que camas disponibles en el hospital y, tras pasar unas horas en un pasillo, nos pusieron a mamá y a mí en una habitación con otra madre cuyo bebé acababa de morir. Aflicción y celebración, nacimiento y muerte, vida y tragedia, felicitaciones y condolencias, todo en el mismo lugar. Los sonidos de un bebé mamando combinados con los sollozos de una madre que lloraba a su hijo.

La vez anterior que mi madre había dado a luz, era adolescente y la habían enviado a un convento católico para que entregara su bebé en adopción. Ahora, diez años después de aquello, me tenía entre sus brazos y, junto a ella, había una madre sin su hijo. Me dijo que se sentía culpable de su buena suerte y de mi salud y que intentaba mantenerme callada para no afligir aún más a la madre doliente.

Al escuchar esta historia, rompí a llorar. Por aquella mujer que había tenido que soportar el peor dolor posible cuando debería haber estado viviendo justo lo contrario. Por los brutales extremos de esta vida humana. Me preguntaba cómo me habría conformado aquella experiencia de mi nacimiento. ¿Podrían haber creado estos primeros momentos y días de mi vida una impronta en mi interior que influyera en la trayectoria de mi vida?

Me preguntaba si mi fascinación por la muerte y los moribundos desde muy temprana edad se debía a ello. ¿Sería el motivo de que, a la tierna edad de catorce años, hubiera cogido un autobús a la biblioteca para pedir el libro de Elisabeth Kübler-Ross *Sobre la muerte y los moribundos* y no el que estaban leyendo mis amigas, *El club de las canguros*, de Ann M. Martin? ¿Era el motivo de que me cruzara espontáneamente con mujeres que habían perdido a sus hijos, entablara relaciones con ellas y canalizara mensajes de ellas? ¿Y el de que, siendo adolescente, me sentara durante horas con ellas solo para escucharlas?

¿Era la razón de que me sintiera tan atraída por la pena y las profundidades de la experiencia humana? ¿De que siguiera experimentando las dos puertas de la Vida —nacimiento y muerte— juntas? ¿Están nuestras primeras experiencias grabadas en nuestras células y conforman nuestra vida a partir de ahí? ¿Lo elige el alma? Estos son los misterios que cautivan a mi mente y a mi corazón.

PREGUNTAS DEL ALMA

¿Te han contado cómo fue tu nacimiento?

Si puedes, pregunta a tu madre o a cualquier otra persona que pueda conocer la historia para que te la cuente.

Si tu madre biológica ya no vive, no está presente en tu vida o no mantienes con ella el tipo de relación que permite esta conversación, ¿hay alguna otra persona a la que puedas pedir más información acerca de tu nacimiento? Si fuiste adoptada, ¿hay algún lugar al que puedas acudir, en línea o en persona, para conseguir más información acerca de él?

△
EL DESPERTAR DE LA GRAN MADRE

L A GRAN MADRE se agita en el interior del corazón y las células de muchas personas. Nos insta a despertar, en la mitad de nuestra vida, a nosotras mismas y a los demás. Está en todos los llantos, los anhelos y los deseos. Está debajo de todo. En nuestro dolor y en nuestra pena, y también en nuestra alegría. Nos insta a recordar lo intrínsecamente conectados que estamos todos.

Desde el alma a la semilla, del árbol a la célula. Todo aquello que está vivo no es independiente de ti. Tu pena es la evidencia de cuánto quieres y de cuánto anhelas la conexión. Nace de tu conexión. Si no estuvieras conectada, no sentirías el anhelo ni el dolor, porque tu corazón estaría cerrado.

Lo hemos entendido mal, eso de creer que los que sueñan, anhelan, sienten, se sumergen en las profundidades y experimentan de forma directa la divinidad no son fuertes. Sin embargo, las personas de corazón tierno y mente abierta no son débiles. Son las más valientes de todas. Son las que se atreven, incluso en mitad de toda esta separación, a decir que existe otro camino. Y que este otro camino nos salvará.

En algún punto del camino, la Diosa fue eliminada y enterrada, lo Divino Femenino que albergamos todas nosotras fue obligado a refugiarse bajo tierra. Ahora, sin embargo, la Gran madre se está agitando y nos insta a despertar y a reparar lo que estaba roto. A procesar el dolor. A formar parte de la reimaginación y el renacimiento de nuestra especie antes de que sea demasiado tarde… para nosotros, no para Ella.

Permite que la agitación de tu corazón te despierte de tu sueño. Que te saque de tu entumecimiento. Que te muestre cómo vivir de verdad.

Tras mi experiencia mística del 2017, empecé a tener varios sueños recurrentes que me hacían sentir que la Gran Madre estaba despertando algo profundo en mi corazón y mis células. Todas las noches me encontraba en una antigua plaza europea, distinta cada vez, con una estatua gigante de piedra de un dios masculino alzándose sobre mí; era tan alta que ni siquiera podía apreciar su rostro. La plaza estaba vacía, desierta. La fuerza de vida estaba ausente. No se veía a la Diosa por ningún lado.

De repente, el interior de la Tierra retumbaba y la estatua del dios masculino se estrellaba a mis pies. A través de las grietas de la piedra ruda y rota surgían dos niñas del fértil suelo oscuro que había debajo. Esas dos se convertían en tres, luego en treinta, en trescientas, en tres mil. Crecían y se transformaban en diosas. En encarnaciones de la divinidad. Había diosas allí donde fijara la mirada. Inocentes. Abundantes. Incontroladas. Salvajes. Sensuales. Libres.

Lo Divino Femenino había regresado de una forma distinta a como era antes y no había manera de detenerlo. A continuación venían las flores silvestres y las hierbas, que tampoco podían contenerse ni recortarse. La hiedra se apoderaba de aquellas plazas antiguas que ahora se parecían al jardín salvaje de la Tierra. Un bosque virgen. El edén encarnado. La naturaleza había reclamado lo que originalmente era suyo. Luego, en el momento exacto, me despertaba oliendo la tierra fértil, abundante, húmeda, femenina.

Si rastreamos nuestro linaje, encontraremos algo común: la veneración de la Tierra como lo Femenino Sagrado, la Diosa o la Madre. Y es lógico, porque cada uno de nosotros ha crecido dentro de una madre, con independencia de quién nos haya criado. Su cuerpo fue el portal a través del cual llegamos a la vida. Pasamos de sus aguas a las aguas de este mundo. No hay más que ver la forma en la que un bebé mira a su madre para saber que es así. ¡Para él, su madre es Vida, Diosa, la Creadora de todo!

La aniquilación de lo femenino como algo sagrado pudo empezar con la matanza de las tribus indígenas europeas por parte del

Imperio Romano. Y continuó con la persecución de las guardianas de la sabiduría, las mujeres sabias y las tribus que veneraban a la Tierra en la Edad Media, cuando se prohibió honrar, colaborar con y adorar a la Diosa, a la naturaleza y a la Tierra como algo sagrado. Siglos más tarde llegaron el colonialismo, el patriarcado y el capitalismo tóxico y todo el daño trágico que han infligido en todos los rincones del mundo.

Esta pérdida de lo femenino como sagrado nos vio evolucionar de una vida tribal, cíclica, venerando a la naturaleza y las estaciones, hasta finalmente convertirnos en civilizaciones excesivamente individualizadas centradas en la separación y la avaricia, en las que la tierra se convirtió en un recurso que conquistar y poseer y dejó de ser algo precioso que proteger y venerar.

Creo que la Gran Madre, en sus muchos rostros diferentes, está viniendo a todas nosotras. Nos está urgiendo a sanar lo que había sido cortado en lo más profundo de nuestras células.

Nos está diciendo que cada una de nosotras debe participar en la sanación de la humanidad y que está disponible para guiarnos, aquí y ahora. Sin embargo, para sanar lo que había sido cortado, debemos sentir. Y, en este mismo instante, la Gran Madre nos está despertando en medio de la multitud para que encontremos el valor de hacerlo. El proceso no es bonito. En gran medida, ha sido malinterpretado. Y muchas tienen la sensación de que están haciendo este trabajo solas. Si es tu caso, debes saber que, aunque en tu vida inmediata estés sola, no lo estás a la hora de hacer tu trabajo. Y que la Gran Madre y las Abuelas Ancestrales de tus linajes te están cantando.

Es posible que tu alma haya elegido estar aquí, en este cuerpo, en este momento, en estos linajes. No te equivoques, no son tiempos fáciles, pero es importante. Estás aquí porque tu alma lo ha elegido. Confía en la inteligencia de tus células. Forman parte de la gran inteligencia del Espíritu de la Vida. Confía en la llamada de tu alma. También ella forma parte de la gran inteligencia de la Vida. Se está produciendo una gran transmutación en el interior de tu cuerpo y también en el cuerpo de la humanidad y en la Tierra. Son los tiempos que siguen al gran despertar. Décadas de integración y renacimiento. La integración no es fácil, pero sí necesaria. El renacimiento no es posible sin ella. Y tú estás sosteniendo un hilo para la sanación de la humanidad. Confía en él.

PREGUNTA DEL ALMA

¿Qué está despertando la Gran Madre dentro de tu corazón?

Ancla tu alma en tu cuerpo,
para así poder soportar los vientos que llegan.

Si ves a «Dios», a la divinidad, a lo sagrado,
en algún lugar excepto en tu interior, todo
tiene capacidad para derribarte.

Sin embargo, si encuentras tu santidad en tu completitud,
en tu Terralidad, en tu humanidad,
nada puede sacarte de tu camino, porque sabes
que lo sagrado está enraizado en lo más profundo de tu ser.

Inconmovible △

△

MANTENER EL CORAZÓN BLANDO Y ABIERTO

Uno de los mayores desafíos de la vida es mantener el corazón abierto cuando estamos atravesando los extremos. Nadie es inmune a los altibajos de la experiencia humana. Del éxtasis al sufrimiento intenso, de la alegría a la aflicción, del amor a la pérdida. Si de verdad queremos experimentar la dicha, no podemos sortear las partes difíciles que comporta el hecho de ser humanas. Y, si cierras tu corazón a la pena, no podrás experimentar plenamente la alegría.

Es lo que nos enseñan las flores una estación tras otra. Saben que, si no se rinden ante el otoño y el invierno, cuando lleguen la primavera y el verano no podrán echar capullos y florecer. Y es lo mismo que nos enseña el parto. Cuanto más segura se sienta la madre durante las contracciones, más cómoda y confiada estará para aceptar la vida y abrirse.

Vivir con el corazón abierto es un acto de auténtico valor. Si puedes morir con el corazón blando y abierto, habrás vivido de verdad. Este será tu mayor triunfo, por encima de todo lo demás. Cuando atravesamos momentos difíciles, cuando más nos queremos separar, la sanación que estamos buscando suele encontrarse en la conexión, no en la separación. Cuando cerramos nuestro corazón y a nosotras mismas porque el dolor es excesivo, a menudo nos encontramos más separadas que antes.

Esta es una época de grandes cambios y mucha transformación. Pero no en el sentido que podríamos imaginar. Se están tejiendo los hilos y nos están abriendo el corazón de par en par. Y así es como debe estar. Esto es lo que significa vivir una vida mística, en la que el corazón es el principal centro de inteligencia, con acceso a una fuerza mayor de la que cualquier cerebro podría crear jamás.

Permanece enraizada en tu proceso y cuida tu corazón doliente. No lo cierres. Céntrate en eso y todo lo demás será debidamente atendido.

Lo que ha estado sucediendo desde que la Diosa se encerró en el inframundo debe parar. Lo Femenino Divino debe seguir ascendiendo y regresar si queremos encontrar el camino de vuelta a nosotras mismas y a los demás. Debemos partir de la historia de él y la de ella y dar vida juntas a una nueva para así dejar de revivir las mismas historias. Una por una estamos sintiendo lo que ha permanecido congelado en nuestra línea de ancestros. Una por una estamos sacando a la luz los actos realizados en separación y desesperación. Una por una estamos encontrando el camino de vuelta a nosotras y a los demás.

Quizá la razón que nos ha llevado a ser avariciosas es que estábamos hambrientas de un amor que no conseguíamos encontrar. Nuestra hambre era insaciable, consiguiéramos lo que consiguiéramos. Por eso, consumíamos y cogíamos, tal y como nos habían enseñado a hacer. Estas generaciones que están aquí y las que están por venir forman parte del gran cambio. Es algo a lo que no estamos acostumbradas porque forma parte de un sistema mucho más grande que nosotras. Nos hemos centrado demasiado en el individualismo.

Los años que rodearon al 2020 nos levantaron de un sueño insensible y nos colocaron cara a cara con el trasfondo de la humanidad y la sociedad. Y todavía estamos procesándolo. Para muchas personas, aquello que había sido enterrado, congelado y silenciado empezó a derretirse. Empezamos a ver bajo la superficie lo que estaba realmente allí. Aquello que no se podía percibir con anterioridad empezó a fundirse para que pudiéramos sentirlo. Aquello que todavía no se había hablado de verdad colectivamente empezó a ser expresado.

Fue, en muchos niveles, una evaluación muy necesaria, y todavía no se ha detenido. Se nos sigue pidiendo que nos ablandemos y nos abramos. Hemos empezado a ver al ser humano cuando antes veíamos al otro. Sin embargo, en el proceso de hacerlo y de llegar ahí ha tenido que haber primero una separación. Porque, si no reconoces lo que está roto, jamás podrás sanar plenamente. Y sanar es hacer que sea un todo.

La humanidad es un todo, parte de un todo mayor. Sin embargo, si no reconocemos la separación y el dolor que proviene de ella, jamás podremos sanar de verdad. De forma individual o colectiva. Mientras no veamos todo como parte de un todo mayor, nuestro camino será cada vez más difícil. Porque no estamos accediendo a la energía del todo, del Espíritu de la Vida. Y la vida quiere apoyar la vida.

Toda la sanación que haces contribuye al todo. Y el individuo puede percibir toda la que hace el todo. Aprende a ver a todos aquellos que están sufriendo por el dolor. Aprende a verte a ti misma como una hija querida de la Diosa. Todas lo somos. No es casualidad que estés aquí en este tiempo. Recuerda por qué elegiste venir.

PREGUNTAS DEL ALMA

¿Hacia quién te están pidiendo que suavices tu corazón?

¿Cómo puedes suavizar tu corazón hacia ti misma?

LOS MISTERIOS DEL NACIMIENTO

UNA DE LAS FORMAS MÁS POTENTES que tuvo la Gran Madre para seguir transmitiéndome sus enseñanzas durante esta época fue a través del embarazo, el parto y la pérdida. No lo esperaba, pero este periodo de mi vida se prolongó para enseñarme más que ningún otro.

A medida que mi cuerpo tejía el alma para darle forma con mis embarazos y me aproximaba a las puertas de la Vida a través del parto y la pérdida de un bebé, observé que estaba experimentando físicamente muchísimos de los principios espirituales y místicos y de las enseñanzas que había aprendido en las dos décadas anteriores durante la fase de ascenso de mi despertar espiritual. Voy a contarte un poco de este periodo de mi vida y algunos de los conocimientos que me aportó. Si el embarazo, el parto o la pérdida de un bebé te resultan temas complicados, puedes pasar tranquilamente al siguiente capítulo.

Desde los veinte hasta los treinta y pocos años, no tuve claro si quería tener hijos. Me asustaba profundamente la idea de que ser madre me impidiera hacer el trabajo que había venido a hacer. Ninguna de las místicas sobre las que había leído había tenido hijos y me preocupaba la posibilidad de tener que esforzarme mucho para encontrar el espacio, la calma y la energía necesarios para crear arte.

Sin embargo, con el tiempo algo cambió y, durante una peregrinación a los antiguos templos egipcios, tumbada en una cámara secreta del complejo de Dendera dedicado a la diosa Hathor, escuché las palabras: «Tu cuerpo es un portal; el parto es un portal para que las almas entren en la Tierra» y fui consciente de una presencia dorada que sentí que podría ser mi futuro hijo. Cuando regresamos de Egipto a nuestra casita de Glastonbury, descubrí que estaba embarazada.

Como mística que había estudiado el viaje del alma con un vigor insaciable, me ilusionaba experimentar la encarnación del alma y su viaje a través de las puertas de la Vida de una forma tan física. Cada uno de mis tres embarazos me enseñó algo único y me cambió tanto física como mental, emocional y espiritualmente.

CONFIAR EN LA INTELIGENCIA ANCESTRAL DEL CUERPO

El primero fue una época de iniciación profundamente sanadora en la que no solo me preparé para la maternidad, sino que ahondé en mi propia sanación personal. A medida que mi hijo iba creciendo dentro de mí, su presencia activó un intenso poder femenino ancestral al que nunca había accedido previamente. Lo que me enseñó este embarazo fue a confiar en la inteligencia de mi cuerpo por encima de cualquier fuente externa.

En este punto quiero reconocer que me doy cuenta de lo privilegiada que soy por tener acceso a atención sanitaria y lo agradecida que me siento de disponer de unas posibilidades de las que muchas mujeres no gozan. Sin embargo, a pesar de todo esto, la insistencia de los profesionales sanitarios de que el camino que me estaban mostrando era el único que se podía seguir no me parecía auténtica. De lo más profundo de mi ser surgió una feroz guerrera femenina ancestral que gritaba que no había nada malo en mi bebé ni en mí.

Se me mostró cómo confiar en la sabiduría femenina ancestral de mi cuerpo en un sistema médico que no la veneraba y experimenté en mi interior un fuego iniciador y un poder que me exigieron defender mi postura como nunca lo había hecho anteriormente. Me di cuenta de que la manera en la que nuestra cultura ve y trata el nacimiento es una metáfora de nuestra relación con la vida en general. Observé hasta qué punto nos hemos desconectado de la inteligencia de la naturaleza y cómo pretendemos controlar todos sus aspectos creyendo que estamos por encima de ella y que somos más sabios, en lugar de reconocer que formamos parte de ella.

Di a luz a mi hijo en casa, en una piscina colocada en el centro de la sala de estar, un privilegio por el que había luchado con todas mis fuerzas. No rompí aguas y él nació velado, todavía dentro del saco amniótico. El parto fue empoderador, rápido y lacerante, y la energía, intensa, ancestral y profunda. Sunny llegó a este mundo como una explosión, como un meteorito que golpea la Tierra.

Justo antes de hacer la transición, experimenté la llegada a las puertas de la Vida, tal y como había hecho durante mi experiencia mística con la Gran Madre Cósmica en el 2017. Todo quedó absolutamente inmóvil y sentí cómo las mareas cambiaban y el portal se abría, como habían hecho en el templo egipcio, y supe que mi hijo estaba listo para venir.

Me sentí conectada con todas las mujeres de mi linaje y las percibí rugiendo conmigo y a través de mí. Fue la experiencia más trascendente e inmanente, más física y mística de mi vida, todo al mismo tiempo. Al dar a luz a Sunny accedí a un poder celular interno que no sabía que tenía. Ese día, todo cambió dentro de mí.

VIDA Y, AL MINUTO SIGUIENTE, MUERTE

Justo después del segundo cumpleaños de Sunny descubrimos que estábamos otra vez embarazados. Durante un viaje para visitar a la familia de Australia, al final de los confinamientos de la Covid-19, me desperté la mañana de Navidad y comprobé que estaba sangrando.

Con las consultas médicas cerradas y los hospitales con servicios limitados, se tardaron dos días en confirmar lo que yo ya sabía: habíamos perdido el bebé. Me lo dijeron mientras me examinaban a mí sola en el hospital, porque a Craig no le permitieron entrar en el edificio. Más tarde lo encontré sentado en la hierba y no tuve que decir nada. Nos quedamos sentados en silencio y mis ojos se fijaron en una diminuta pluma blanca posada a mis pies, pura como la nieve.

El tiempo se ralentizó y, mientras volvíamos en el coche a casa, percibí ese sentimiento familiar de ser incapaz de comprender cómo todo y todos seguían su curso normal cuando nuestro mundo se había roto. Años antes había sufrido un aborto temprano, pero esta pérdida se produjo en una fase más avanzada del embarazo y los siguientes días fueron terribles. Me sorprendió el dolor visceral, físico, muy parecido al parto a término, con contracciones y todo.

La pena era gutural y cruda y nos golpeó de distintas maneras. En mi caso, fue emocional y física. No podía dejar de pensar en que había tenido vida dentro de mí, que todo estaba lleno de esperanza, y que al minuto siguiente tenía muerte y una pena profundísima. Me preguntaba en qué punto la vida se convierte en muerte y cuál es la diferencia. ¿Es que el alma cambia de opinión o es que siempre quiso estar aquí solo durante ese periodo de tiempo concreto?

Me enfrasqué en escribir y trabajar, y eso me ayudó a vadear el anhelo y la pena. Un día, mientras caminaba por el litoral de Sydney, recibí un boceto de la estructura de The Inner Temple Mystery School, que se iba a convertir en mi curso fundacional. Había recibido la descarga inicial y la visión de esta formación unos años antes, durante mis estudios de profesora de kirtan, pero no había podido dar forma a la escuela de misterio hasta este momento.

Me inundó una oleada de energía creativa y, junto a Craig, establecimos las bases de la escuela. Me preguntaba si la energía creativa y vital del parto que mi cuerpo había planeado utilizar para crear a nuestra hija estaba siendo redirigida a la escuela. Curiosamente, sentía a nuestra niña acompañándonos en todos los pasos del proyecto.

Todos los días meditaba con la misma canción, «Lost Words Blessing» [«Bendición de las palabras perdidas»], y la ponía en bucle. No había escuchado ninguna canción parecida con anterioridad y suavizaba mi corazón de una forma difícil de describir. Me parecía que sostenía y tocaba la esperanza y el dolor que albergaba, todo junto, en mi interior. La pena por la pérdida de mi bebé y la esperanza de que pudiera volver. La pena por la sabiduría perdida de las enseñanzas de mis ancestros y la esperanza de volver a conectarme con ellos. La pena de la separación de la Tierra como madre nuestra y la esperanza de volver a tejer el hilo sagrado.

Por esa misma época, Craig descubrió un libro de principios del siglo XX que, según me dijo, le parecía conectado con lo que estábamos trayendo al mundo con la formación de The Inner Temple Mystery School y las costumbres ancestrales del linaje que compartíamos (escocés e irlandés). Yo había planeado leerlo, pero no había encontrado tiempo para hacerlo. Se titula *Carmina Gadelica* y es una recopilación de antiguos poemas, oraciones, encantamientos y hechizos gaélicos recogidos oralmente en Escocia y traducidos al inglés por Alexander Carmichael.

Pasaron muchos meses y terminamos la formación. En un momento dado recibí una invitación para una cena con el editor en la cual cada uno de nosotros iba a leer un poema. Yo elegí la letra de «Lost Words Blessing». Empecé a investigar sus orígenes y no me podía creer lo que descubrí. En el año 2010, los editores del *Oxford Junior Dictionary* habían eliminado unas cincuenta palabras relacionadas con la naturaleza porque las consideraron irrelevantes para los niños de hoy en día. Palabras como ortiga, diente de león, castor, cuervo y roble fueron sustituidas por sala de chat, banda ancha y famoso, entre otras.

Varios cantantes y compositores se reunieron y escribieron «Lost Words Blessing» en protesta por esta acción. Los músicos dijeron que la canción había sido «inspirada por bendiciones en gaélico escocés, sobre todo por una hermosa colección de conjuros y encantamientos denominada *Carmina Gadelica*». Tanto Craig como yo habíamos sido conducidos a la misma fuente a nuestra propia manera. Parecía algo profundamente destinado y como si nuestros antepasados estuvieran cantándonos.

SABOREAR LA DULZURA

Unos meses después volví a quedarme embarazada, esta vez de mi hija Goldie. Me dieron escalofríos al descubrir que salía de cuentas el 25 de diciembre, el mismo día en que, el año anterior, habíamos perdido al bebé. Me preguntaba si sería una señal de que su alma había regresado.

El embarazo fue mucho mejor que el primero y la idea del parto me asustaba mucho menos. Para entonces, había hecho mucha sanación de mi linaje materno, ancestral, somático y del sistema nervioso, y deseaba parirla con un sistema nervioso regulado.

Durante el embarazo, empecé a experimentar físicamente lo diferente que es cada alma. La energía de Goldie era completamente distinta de la de Sunny. Era como si ella me estuviera enseñando unas cosas muy diferentes mientras iba adquiriendo forma. La lección que me transmitía era que debía acordarme de saborear la dulzura de la vida. Empecé a ver mi tendencia a trabajar duro y a recompensarme al final en lugar de experimentar la alegría y la dulzura de la vida aquí mismo, en este momento. Una forma de ser muy capitalista y patriarcal.

El parto también me enseñó lo mismo. Fue mucho más largo que el de Sunny, pero, la mayor parte del tiempo, mucho más suave. Por ello, justo en medio del proceso, creé una ofrenda al fuego. Me comprometí a recibir la dulzura de la vida aquí y ahora, a encontrar la belleza en todos los momentos, a acoger primero la alegría, sin vacilar.

La niña llegó en el agua de la piscina de partos de nuestra sala de estar. Poco a poco y con suavidad la saqué a la superficie y observé cómo respiraba por primera vez. No lloró y me miró a los ojos con enorme calma, profundidad y dulzura. La sostuve entre mis brazos y saboreé plenamente esos momentos, mientras mi corazón se abría de par en par y yo bebía la dulzura de esta vida en todos sus extremos. Me sentía profundamente agradecida por todo lo que mi hija me había enseñado ya y por la medicina que me había traído.

△

¿ES ESTA LA HERIDA ORIGINAL?

MI PRIMER EMBARAZO me estiró de una forma que jamás habría creído posible, y no solo en un sentido. Y casi me destruye. Sin embargo, no puede existir creación sin muerte. No se trataba del aspecto físico, aunque la Diosa sabe que fue intenso, sino de mi corazón.

Los primeros días del puerperio, mi amiga Binnie Dansby, mi sabia y fabulosa amiga del alma de más de ochenta años, estuvo en nuestra casa y, cada vez que yo entraba en la habitación, anunciaba:

—¡Aquí viene la Diosa!

Al principio, yo me avergonzaba y lo echaba a broma; yo, con el pelo sucio, los pezones agrietados y un sistema nervioso frágil en alerta constante. Pero luego vi a mi hijo. Quiero decir, lo vi *de verdad*. El alma que había llegado. Vi la forma en la que él me miraba y mis células recordaron que también se sentían así cuando yo era bebé.

Y comprendí que Binnie tenía razón. Para él, yo era LA Diosa. Creadora. Dadora de Vida. En aquel momento, me sentí perdida. ¿Cómo podía recibir todo el amor que él estaba dirigiendo hacia mí? Era humanamente imposible contener tanta cantidad de amor en un único corazón humano. Me hizo pensar que, si él llegaba con tanto amor, quizá a mí me pasó lo mismo. Quizá nos ha sucedido a todos.

¿Pudieron nuestras madres recibir también esa cantidad de amor? ¿Sería cualquier madre capaz de recibirlo plenamente si no hubiera sido ella misma recibida de esa manera? Ser testigo del alma que ha llegado al lado de la Tierra y del inmenso viaje que ha realizado para estar aquí, en este cuerpo, en este planeta, en este tiempo. Recibir todo el amor con el que llega. ¿Es esta la herida original?

Y entonces el amor hace aquello que mejor sabe hacer: saca a relucir todo lo que no se parece a él. Y, cada vez que lo hace, tenemos que decidir si lo metemos en una caja y tiramos la llave o mantenemos el corazón abierto y dejamos que el amor del mundo estalle en nosotros. Lo primero es fácil; es lo que nos enseñaron a hacer. Lo segundo te hace añicos. Sin embargo, si le permites que te rompa, también te rehace. Y eso es el renacimiento.

De repente, me impliqué de un modo mucho más profundo en estar realmente presente. Por aquel entonces no me había dado cuenta, pero antes de que Sunny naciera, yo había tenido un pie dentro y otro fuera. Sin embargo, ahora que había alguien a quien debía proteger, estaba mucho más implicada en el resultado. Mi corazón oscilaba entre el amor extremo y dichoso y la pérdida inimaginable, todo en la misma respiración. El rugido protector de todas las madres aumentó su volumen en mi interior y con él vino una rabia sagrada y una aflicción aleccionadora.

Un niño viene con un portal de amor en su corazón, tan inmenso, conectado y potente que es capaz de sanar las heridas del mundo. Si se lo permitimos.

Quizá nuestra capacidad para reconocer, atestiguar, recibir y validar el amor con el que vienen todos los niños sea el trabajo más sanador de todos. Contemplarlo en otra persona es el mayor regalo que podemos dar. Este acto sencillo pero complejo puede sanaros no solo a él y a ti, sino a todo el mundo.

Nuestra sociedad está establecida de una forma equivocada. Vemos a los niños como seres inferiores a los que podemos enseñar nuestras costumbres. ¿Qué pasaría si los viéramos con los grandes maestros y sanadores que son? Están diseñados para abrirnos el corazón y, en ocasiones, esto significa que nos sentimos rotas. ¿Qué sucedería si se diera a los padres el apoyo que necesitan para recibir adecuadamente a los que llegan? Y para procesar los momentos en los que ellos no fueron bien recibidos. ¿Y si miráramos también de esta forma a nuestros mayores? ¿Qué pasaría si viéramos a aquellos que están más cerca del aliento de los ángeles y de las puertas de la

Vida como los que más saben? ¿Si cuanto más cerca está una persona del nacimiento y de la muerte más veneráramos su sabiduría y su percepción? El mundo sería un lugar muy diferente. ¿Podría ser esta una de las invitaciones de la Vida? ¿Que nuestro corazón se estirara y abriera de un modo tal que pudiéramos albergar también en él a todo el mundo y a todos los niños de este planeta?

PREGUNTAS DEL ALMA

¿Cuándo empezaste a cerrar tu corazón al mundo?

¿Qué necesita escuchar hoy la niña
que albergas en tu interior?

△

AFLICCIÓN, PODER
Y RABIA FEMENINOS ANCESTRALES

URANTE LOS ÚLTIMOS MOMENTOS del nacimiento de mi hijo, tuve
la experiencia de retroceder por mi linaje materno hasta la
Madre Original y de conectarme con el poder, la rabia y la aflicción
de todas las mujeres que en algún momento han estado ante las
puertas de la Vida y han regresado. Sentía que gritaban conmigo y
a través de mí. Vi cómo las capas de protección que rodeaban mis
células explotaban como bombas y se esparcían hasta los confines
del cosmos. Y luego, cuando Sunny llegó, fui lanzada hasta el punto
central de mi cuerpo.

Sentí un amor feroz hacia él, un amor que no había creído
posible. Y, al mismo tiempo, percibí también un miedo y una pena
terribles ante la idea de poder perderlo. Me sentía increíblemente
agradecida por ser su madre, pero también profundamente preo-
cupada por el mundo que iba a heredar. Tenía una enorme ansia de
hacer cualquier cosa por él, aunque mi cuerpo me doliera como si
se estuviera volviendo a tejer después de parir.

Estaba preparada para las noches de insomnio y el duro trabajo
de la maternidad, pero no para la transformación que iba a obrar en
mi corazón, que sentía en carne viva y abierto de par en par, el hecho de estar presente ante ese amor tan profundo. Ni para hasta qué
punto iba a ser convocada a sanar el linaje materno. No me daba
cuenta de lo sensible que estaba en el nivel celular. La entrada de mi
hijo a este mundo me hizo también profundizar en mi despertar de
la Gran Madre, porque percibí cuánto más conectada me sentía a
todos los niños de la Tierra. ¿Se sienten así todas las madres?

En tiempos normales, el puerperio es una fase sensible, pero
estaba claro que estos no lo eran. El mundo estaba atravesando sus
propias noches oscuras del alma. En varios continentes rugían los

incendios forestales. Todo y todos quedamos confinados durante la pandemia de Covid-19. La cultura de la división y de la cancelación crecía de manera descontrolada y surgió un ajuste de cuentas racial muy necesario. El despertar profundo, la separación, el procesamiento del trauma y la sanación fueron el telón de fondo de mis meses de posparto.

Era como si mi cuerpo estuviera intentando purgar y procesar todos los traumas que yacían dormidos dentro de mis células. Una experiencia temprana que procesé en ese tiempo fue un tratamiento que había realizado para no mojar la cama, de forma intermitente, cuando tenía entre siete y diecisiete años. Gestionar esta situación siendo niña y adolescente me había costado mucho y mis padres habían probado todo tipo de métodos para ayudarme a manejarla.

El tratamiento consistía en una alfombrilla fría de goma y metal colocada debajo de la sábana y conectada a un sistema de alarma que se activaba en el momento en que mojaba la cama. La mayoría de las noches vibraba toda la cama y la alarma se disparaba como si hubiera un camión de bomberos en mi habitación, con lo que despertaba a toda la casa y estoy segura de que también a los vecinos.

Teniendo en cuenta lo que sabemos hoy en día acerca del impacto negativo que pueden provocar en nuestra salud el trauma y la desregulación del sistema nervioso, me doy cuenta del papel tan significativo que desempeñó ese tratamiento en mis subsiguientes problemas de sueño, ansiedad, depresión y otros trastornos relacionados con el sistema nervioso, y cómo dio lugar más adelante a un diagnóstico de trastorno por estrés postraumático complejo (TEPT).

Cualquier progenitor de un recién nacido te dirá lo difícil que puede ser tener que sufrir infinitas noches de sueño interrumpido. En los primeros meses no es raro despertarse cada veinte minutos porque el bebé está llorando (de aquí vienen las noches de amamantamiento cada poco tiempo y los pezones agrietados). Sin embargo, observé que mi respuesta a esta experiencia parecía ser mucho más intensa que la de otras muchas madres. Cada vez que me despertaba el llanto de mi hijo, todo mi cuerpo entraba al instante en un estado de emergencia. Saltaba de la cama presa del pánico, creyendo que pasaba algo terrible, tal y como me había sucedido de niña siempre que se activaba el sistema de alarma de mi cama.

Esto es solo un ejemplo del trauma que se me desencadenó en esa época; era como si algo se hubiera desbloqueado y me estuviera invitando a limpiar emociones no procesadas y guardadas en lo más profundo de mi cuerpo. Hice un serio trabajo para procesarlas y, al mismo tiempo, tuve la sensación de que el nacimiento de mi hijo había abierto también un portal de sanación que iba más allá de mi trauma.

Todas las noches, mi cuerpo se ponía al rojo vivo y empezaba a sacudirse. Las emociones no procesadas y el trauma intergeneracional y colectivo parecían explotar a través de mí como un tren bala. Resultaba extremadamente desorientador, confuso y aterrador. El poder femenino ancestral, la aflicción y la rabia a los que había accedido durante el parto de Sunny parecían haber sido reactivados y tenía la sensación de que intentaban procesarse a través de mí. Sentía presente a través de mí, mientras la Shakti empezaba a moverse otra vez por mi cuerpo de una forma sumamente física, una energía parecida a las de las poderosas diosas del Femenino Oscuro que había estudiado durante mi formación mística.

En el trasfondo de todo esto, Australia, mi país natal, había cerrado las fronteras por la pandemia, y mi familia, que tenía la intención de visitarme y apoyarme en mi primer año de maternidad, no podía venir a ayudarme. Lo que yo no sabía por entonces era que mi padre, mi hermano y mi hermana no iban a poder conocer a mi hijo ni verme como madre hasta que el niño tuvo dos años. Toda esa época de bebé, perdida.

Craig se mostró increíblemente firme y comprensivo durante este proceso, asegurándome que lo superaría, que estaba segura y que me quería. Sin embargo, yo me sentía superada por la situación y muy sola. Me preguntaba si alguna otra persona habría vivido algo similar. Y, si lo había hecho, ¿por qué no hablaba de ello? ¿Dónde estaba el mapa que necesitaba para que me guiara a través de aquello?

Hice todo lo que pude para liberar aquella aflicción y aquella rabia que habían estado dormidas. No era agradable, pero realicé el proceso lo mejor que supe, aunque hubo momentos en los que no era capaz de sacar mi mejor versión. En esas ocasiones fue cuando volví a pensar en los antiguos místicos y anhelé poder retirarme a la cueva del campo. ¡Sin embargo, no te puedes quedar meses y meses en una cueva cuando tu bebé te está despertando diez veces cada noche y estás intentando llevar un negocio en el clima cambiante de una pandemia global!

SANAR NUESTROS LINAJES

Desesperada por encontrar ayuda profesional para manejar lo que se convertiría en el periodo más difícil de mi vida, rezaba pidiendo el apoyo apropiado y, a su debido momento, me llegó. La terapia somática me ayudó a regular el sistema nervioso y a salir del modo de lucha, huida o paralización, con lo que se acabaron los brotes autoinmunes y mi salud mejoró significativamente a partir de entonces. También me vino bien aprender el vínculo que existe entre las enfermedades autoinmunes crónicas, la desregulación del sistema nervioso y las emociones reprimidas que, por no sentirnos suficientemente seguras, no hemos podido expresar.

Por todo ello, la parte buena de aquellos tiempos tan complicados fue que, cuanto más me brotaba la rabia, más parecía mi cuerpo volver a la vida. En ese año, tanto mi prolongada fatiga crónica como mi resistencia a la insulina entraron en remisión.

Me remitieron a Bob Jacobs, un naturópata con décadas de experiencia en medicina funcional, que me hizo unas pruebas y me cambió la dieta tras descubrir que era celíaca y alérgica a los alimentos que solía tomar. Ese cambio pareció aliviar mi cuerpo, puesto que ya no estaba siendo atacado y en un estado de inflamación.

Jamás olvidaré el día en que le hablé de los brotes de energía, rabia y sacudidas espontáneas que experimentaba por la noche. Me miró, hizo una pausa y luego me preguntó si había oído hablar del despertar de Kundalini Shakti. Sorprendida, sonreí y compartimos un largo momento de reconocimiento silencioso como dos almas en las profundidades del viaje espiritual. Rompí a llorar ante la Gracia que nos había unido.

Bob me contó que podía ayudar a mi cuerpo haciendo que la liberación fuera un poco menos intensa físicamente, pero que, en último término, cada proceso es único; que, si estaba en ello, mi alma sabría cómo superarlo. Me animó a ponerme en contacto con la Gracia cuando sintiera las oleadas de energía moviéndose a través de mi organismo y me sugirió que repitiera el sagrado mantra sánscrito «om nama shivaya», que yo conocía bien gracias a mi formación de kirtan, y me alivió que me lo recordara. Lo susurraba día y noche.

Encontré una magnífica especialista en trauma llamada Kay Dayton, que hizo una combinación de terapias que incluía la Liberación de la Tensión y el Trauma (TRE) y el *brainspotting* (BSP). Durante los meses que trabajamos juntas, observamos que era como si mi cuerpo estuviera procesando el trauma intergeneracional (la transmisión del trauma a lo largo de las distintas generaciones de una familia), en especial los delitos contra lo femenino y la eliminación de las enseñanzas de sabiduría basadas en la tierra de mis ancestros.

A medida que mi cuerpo se iba moviendo, fui viendo escenas y descubriendo historias de cuando mis antepasados escoceses se vieron obligados a abandonar sus tierras, que habían sido vendidas para criar ovejas. Vi mujeres de mi linaje irlandés deportadas en barcos a países lejanos para ser esposas y a otras tan hambrientas y desesperadas que su única opción era robar comida para alimentar a sus familias. Observé también la devastación absolutamente trágica que se produjo en las tierras colonizadas. Recorrer las complejidades de la identidad y la historia puede resultar complicado, pero, al reconocer estas verdades e implicarme en ellas, vi la esperanza de un diálogo más honesto e inclusivo acerca del legado del colonialismo, la opresión y la desigualdad. Mi sensibilidad aumentó para hacer frente a estas verdades difíciles dirigidas a fomentar la sanación.

Vi mujeres y hombres ahogados y quemados durante las cazas de brujas de la Edad Media. Vi innumerables mujeres avergonzadas y expulsadas a las que les arrebataban sus bebés. Kay me ofrecía un apoyo inmaculado para que pudiera tener lugar este procesamiento y, gracias a eso, las noches se volvieron menos intensas y pude dormir más.

Kay me dijo que, cuando investigaba sus propios ancestros, descubrió que no solo compartíamos el linaje Campbell, sino que también compartía el de mi marido y mis hijos. Me quedé boquiabierta ante las casualidades y circunstancias que nos habían unido para sanar nuestros linajes. Siempre estaré agradecida por el apoyo que me dio en este periodo.

Al mismo tiempo, dos de mis alumnas más antiguas, Coral Scarlett y Carrie Smith, me contaron una historia increíble. Se habían conocido muchos años antes en mi asociación en línea, The Sanctuary. Aunque vivían muy lejos la una de la otra, en distintas ciudades, desarrollaron una profunda amistad y hacían viajes regulares para estar juntas y apoyarse mutuamente en la sanación de lo Femenino Divino y ancestral. ¡Un día descubrieron que eran primas y que, durante todos esos años, habían estado haciendo este trabajo de sanación de la línea materna juntas!

Gracias a los escritos de Layne Redmond me enteré también de que, como todos los óvulos que lleva una mujer en sus ovarios se forman cuando es un feto de cuatro meses en el útero de su madre, nuestra vida celular (como óvulo) empieza realmente en el útero de nuestra abuela. Cada una de nosotras pasó cinco meses en el útero de su abuela y ella, a su vez, se formó en el de la *suya*. Y así, sucesivamente, la cadena continúa por toda la línea materna hasta la Madre Original.

Observé también la conexión entre la ciencia del trauma intergeneracional y lo que dicen muchas enseñanzas indígenas y místicas acerca de la sanación de la línea materna y la intergeneracional siete generaciones hacia el futuro y otras siete hacia el pasado. Vi que esto reflejaba mi propia experiencia mística con las Abuelas Ancestrales de la Tierra y la Gran Madre que había tenido lugar unos años antes. En la segunda parte del libro hablaré más sobre la sanación de la línea materna.

PREGUNTA DEL ALMA

¿Qué te está llamando a hacer lo femenino ancestral que albergas en tu interior?

Cobíjate aquí.
Deposita todos tus miedos en mi altar.
Deja que los vientos del cambio
soplen como quieran.
Permíteles que te revuelvan el cabello
y te azoten el rostro.
Deja que te despeinen,
te desorienten y no te permitan
saber con seguridad hacia dónde ir.

Yo estaré aquí, esperando en
la profunda cueva de tu corazón.
Junto a la luz que,
pase lo que pase,
seguirá brillando con fuerza.
Cobíjate aquí.

La gran madre △

△
UN ALMA
VALIENTE

L AS PERSONAS MÁS COMPASIVAS son aquellas que han descendido al inframundo, se han enfrentado a innumerables enemigos y superado duros desafíos y han regresado con la perla. Porque es necesario romperse para estar abierta de verdad. Las que tienen el corazón más cerrado son las que evitan el dolor. Se esfuerzan por estar mucho tiempo con aquellos que sufren, porque los que son iguales se atraen y las profundidades de estos les recuerdan lo que todavía no son capaces de afrontar. Las personas menos compasivas son las que hacen todo lo posible por evitar su dolor.

¿Qué pasaría si en el colegio nos enseñaran que, si nos remontamos lo suficiente, descubriremos que todos procedemos de la misma madre? Que, si cuando vemos a alguien que lo está pasando mal, en lugar de considerarlo débil e instarle a que sea fuerte, decimos: «Tengo ante mí un alma valiente». Todos procedemos del mismo linaje humano. ¿Qué sucedería si, en lugar de invitar a alguien a rehacerse lo antes posible y a recolectar todas sus piezas desperdigadas para resurgir con más fuerza, le agradeciéramos que esté haciendo este trabajo y le dijéramos: «Me doy cuenta de lo que estás haciendo. Te doy las gracias. Te honro por ello»? Porque lo está haciendo en favor de la humanidad y eso significa que también lo está haciendo en tu nombre.

Hay lugares antiguos y tiempos en los que se apoyaba y alimentaba, se animaba, se consolaba y se reverenciaba a aquellos que habían vivido una noche oscura. Se les reconocía por el proceso tan valiente que su alma había elegido. No todos lo hacen, pero cada vez son más. ¿Eres una de ellas? Son los visionarios, los artistas, los sanadores, los sabios. En las condiciones adecuadas, regresan con la perla de la que todos nos beneficia-mos.

PREGUNTA DEL ALMA

¿Quién de tus conocidos merece
que se le reconozca su valentía?
(Puedes ser tú misma).

A veces, cuando estamos huecas,
en tiempos futuros
otros podrán encontrar refugio allí.
Déjate ahuecar.
Es la forma de encontrar tu completitud.

Creación de la sanadora △

△

TU AFLICCIÓN DEMUESTRA
LO MUCHO QUE AMAS

TU AFLICCIÓN ES LA EVIDENCIA de lo mucho que amas. Por ello, cuando llegue, respira tantas veces como lo necesites. Concédele todos los días que precise. Dale todos los años que pueda necesitar. El sufrimiento que revela tu aflicción es el hilo que te conecta con la que fuiste. ¿Qué pasaría si fuera amor buscando adónde dirigirse?

El proceso de encarnación no es fácil. Cuando experimentamos cualquier tipo de pérdida, una parte de nosotras siempre se lamenta por la persona, la cosa o la identidad que ya no existe. Sin embargo, por mucho que nos esforcemos por aferrarnos a aquello que fue, es imposible conseguirlo. Pregunta a cualquiera que haya amado y perdido y que luego haya intentado vivir como antes.

La primera vez que experimenté realmente un duelo fue cuando mi amiga Blair falleció de repente a los veintinueve años. Durante más de un año, me dolió físicamente el corazón. Jamás olvidaré la sensación que tuve una mañana de primavera cuando salí de mi apartamento de Londres y me di cuenta de que todo seguía tal y como estaba el día anterior. El sol continuaba brillando, los cubos de basura se vaciaban, los que salían a correr estaban corriendo, los autobuses y los trenes circulaban. Mi mundo se había roto, y me ofendía que el resto del mundo no se hubiera alterado para reflejarlo.

Aunque era bastante joven, había experimentado la muerte de una cantidad inusualmente elevada de amigos, por lo que el duelo y la pérdida no me eran extraños, pero había algo en la partida del alma de Blair que me rompió el corazón por completo. Recuerdo que ese primer año tenía sentimientos encontrados de odio y amor hacia el duelo. Anhelaba que llegara el momento en que no me doliera tanto, pero también contenía una sensación de profundo amor, intimidad y conexión. Echando la vista atrás me doy cuenta de que ambos están relacionados: el amor y la pena. La profundidad de mi amor por Blair se reflejaba en la profundidad de mi pena.

No mucho después del fallecimiento de Blair, Wildcat, otra buena amiga perteneciente también a nuestro estrecho grupo, murió de manera inesperada y con ello finalizó una relación de más de diez años. Aquello me rompió el corazón todavía más, y creo que la pérdida de la relación me hizo cuestionármelo todo y sentirme más sola en este viaje.

Y, en esa soledad, en uno de los inviernos más oscuros que había atravesado, cuando me parecía que todas las luces se habían apagado, no conseguía sacudirme la sensación sutil de que en esa oscuridad, en el punto más bajo de mi vida, en el ascenso de mi despertar, era donde podía realmente sentir la conexión con el espíritu y veía que mi luz interior era más fuerte que nunca. Era como si mi aflicción hubiera hecho que la fuerza de mi voluntad personal se echara a un lado para que mi alma pudiera entrar más.

Poco después de este periodo de duelo, reuní el valor suficiente para dejar mi trabajo y seguir la llamada de mi alma como escritora mística. Aunque aquello requirió mucho trabajo, tenía la sensación de que el Espíritu de la Vida estaba de mi lado a partir de ese momento. Es posible que tú también lo hayas sentido, en esos momentos en los que te ves tirada en el suelo del cuarto de baño o sentada sola en tu coche, cuando el dolor te abre el corazón de par en par y todo se queda absolutamente quieto. Por mucho que duela, sin duda estás viviendo.

Nuestra aflicción nos hace crecer. Es en ese momento cuando nos enfrentamos cara a cara con el sufrimiento de la separación y, al mismo tiempo, despertamos a una conexión íntima con todas las cosas que componen la vida.

Cuando negamos la muerte y la pérdida, el envejecimiento y el deterioro, olvidamos los grandes misterios de la muerte. Y los misterios de la muerte son los del nacimiento. Los del renacimiento. Los de la vida. Los de la ley de la Tierra. Sin ellos, la vida no sobrevive. Con ellos, prospera. Se puede nacer de nuevo una y otra vez, y nuestra aflicción nos puede enseñar a hacerlo. En su iniciación es donde se abre un portal y nuestro corazón tiene la oportunidad de estirarse lo suficiente como para que nuestra alma pueda establecerse. Y, cuando eso sucede, invita a que entre más vida. En el proceso de duelo se nos invita a hacernos más vivos.

A veces, cuando nuestra vida se desmorona, los muros de separación que existen en nuestro corazón hacen lo mismo. Nuestro llanto reverbera hasta los confines del universo llamando a las partes perdidas de nuestra alma para que regresen a casa. Y las cuatro cavidades del corazón se unen con el Uno. A veces, mientras estamos en este estado lacerante y liberador, se despiertan partes de nuestra alma que estaban dormidas y se conectan. Regresan a nosotras y podemos plantarnos en ellas de una forma más plena.

Y, como nuestra mente no es capaz de entender lo que ha sucedido, el portal se abre de nuevo y recibe la oportunidad de rendirse muy ligeramente de manera que el misterio de la Vida le susurre a él y a través de él. La vida y el mundo pueden cambiar en un instante. Podemos despertar en un momento.

Nuestro dolor puede hacernos volver al flujo espiral y natural de la Vida. En la puerta de iniciación de la aflicción, la mente fracasa y se invita a la inteligencia del corazón. En la iniciación de la pena, nuestra fuerza de voluntad se debilita y nuestras defensas se vienen abajo, lo que permite que se abra un camino para que el alma pueda ocupar las células más que antes.

Por supuesto, también puede suceder todo lo contrario. Si estamos realmente solas en nuestra pena, nuestra alma puede elegir poco a poco no estar presente para ella. Es lo que se denomina la pérdida del alma y el motivo de que tengamos que acompañar a quien está de duelo todo el tiempo que sea necesario. No debemos ver a estas personas como algo que haya que arreglar, sino como alguien a quien animar, apoyar y amar. Celebrando lo mucho que aman. Recordándoles que esa situación es una iniciación para invitar al alma a entrar más plenamente. Y, si lo hacen, muy pronto vivirán de verdad de una forma más profunda que antes.

PREGUNTA DEL ALMA

Piensa en los momentos en los que hayas experimentado aflicción. ¿Qué te han enseñado acerca de la vida? Si estás de duelo en este momento, ¿qué quiere tu aflicción que sepas?

La *mañana* está al otro lado del *duelo*.
La *sanación* está al otro lado del *sentimiento*.
El *renacimiento* está al otro lado de la muerte.

Todo lo que contiene este mundo vuelve a empezar.
Si tienes el valor de dejarlo terminar correctamente.

Empezando de nuevo △

△

DEPOSÍTALO SOBRE EL ALTAR

PARA MANTENERNOS ESTABLES en los momentos turbulentos, necesitamos algo a lo que aferrarnos. Cuando las cosas se desmoronan a nuestro alrededor, debemos encontrar algo que sepamos que no se va a mover. Raíces profundas para cuando soplen vientos de cambio. Una comunidad de apoyo para cuando creamos que no conseguiremos superarlo solas.

Cuando dejamos el hogar, debemos encontrar algo nuevo que nos sostenga. Cuando nuestro amante se va, cuando termina nuestro contrato de trabajo, cuando fallecen nuestros padres, debemos encontrar algo nuevo que nos sostenga. Cuando creemos que nada nos sostiene, es una invitación a encontrar un terreno nuevo, de apoyo, y en la mayoría de los casos está dentro de nosotras y su gravedad es la que siempre nos ha estado sosteniendo. La única compañera que jamás pueden arrebatarte has sido siempre tú.

Esta es siempre la invitación de la pérdida y la separación. Descubrir la seguridad del suelo. El sostén de las raíces.

A veces, la vida nos arrebata aquello a lo que más nos aferramos; quizá nos agarremos a ello porque podemos percibir la llegada de los ciclos de cambio. Sin embargo, en nuestras noches más largas y oscuras descubrimos que en los espacios vacíos es donde más pueden llegar a nosotras y apoyarnos. Es donde encontramos un agarre que desconocíamos hasta ese momento. Vemos que la gravedad ha estado siempre sosteniéndonos y que, en lugar de buscar a nuestro alrededor alguien que nos salve, podemos acoger a nuestra niña interior en la rosa de nuestro corazón o refugiarnos en nuestras propias rodillas.

Podemos ser muy duras con nosotras mismas, pero nuestros desafíos, errores y cambios en la vida son los que más nos hacen crecer. Y, cuando experimentamos estos momentos difíciles, obtenemos la capacidad de estar realmente presentes para los demás cuando las cosas se ponen complicadas para ellos. Echa la vista atrás en tu vida y encontrarás la verdad que te está esperando allí. La conexión más profunda está siempre en el otro lado de la separación más honda.

Nadie es inmune a los desafíos de la vida y todos necesitamos apoyo para superarlos. Para encontrar un terreno adecuado en la carretera con más baches. Para saber lo que puede sostenernos de verdad. Para encontrar una forma de ablandarnos hacia nosotras cuando la vida es dura y el invierno, brutalmente frío. Para depositar en el altar de la vida todo lo que acarreamos y confiar en que nos están sosteniendo.

ACTIVACIÓN DE LA GRAN MADRE

Deposito sobre el altar todo lo que acarreo, sobre todo aquello que nunca debí llevar, y consigo la libertad.

△
RECIBIR APOYO

E<small>N EL PASADO</small>, recibir apoyo no era algo que yo hiciera de forma natural; para ser honesta, diré que me hacía sentirme fuera de control e incómoda. Como había sido extremadamente independiente desde muy temprana edad, me resultaba muy difícil pedir y recibir apoyo, y por eso la fase descendente de mi proceso de despertar, cualquier práctica espiritual que implicara abrirse para recibir y rendirse, eran tan poderosas.

Cuando estaba pasando el terrible duelo de las muertes repentinas de dos amigas y el final de mi relación prolongada, y tenía la sensación de que toda mi vida se estaba viniendo abajo, varias amigas me ofrecían constantemente su apoyo diciéndome cosas como «¿Hay algo que pueda hacer por ti? ¿Puedo ir a prepararte una taza de té?». Sin embargo, aunque me habría encantado contar con su compañía, me costaba aceptar sus ofrecimientos porque pensaba que *¡yo era capaz de prepararme una taza de té!* Pero luego, durante mis dos periodos de parto y posparto, no dejaba de recibir invitaciones para profundizar mi capacidad de pedir y recibir apoyo.

Un mes después de nacer, a mi hija Goldie le diagnosticaron displasia de cadera y teníamos que viajar al hospital dos o tres veces por semana durante dos horas para que le hicieran tratamientos y pruebas. Mi apoyo de posparto había terminado y mi madre había regresado a Australia, por lo que nos vimos expulsados de nuestra suave burbuja de recién nacido.

Goldie tenía que llevar constantemente un aparato ortopédico, y eso dificultaba mucho tareas básicas como cambiarle los pañales y darle de mamar. Como tenía muy buen carácter, se lo tomaba con calma y solo se quejaba cuando se sentía muy incómoda. Solo podíamos quitárselo para bañarla, y no más de media hora al día. Las amables enfermeras me mostraron la manera de asegurarme de que estaba correctamente colocado, manteniendo las piernas en una postura de M (como una ranita o una mujer de parto) para intentar que las cavidades de las caderas se hicieran más profundas y las piernas no estuvieran dislocadas.

Yo me sentía agotada por el amamantamiento constante, los largos viajes al hospital y una tos violenta provocada por un Covid prolongado. Un viernes, después de cenar en un pub de la ciudad, Sunny tuvo una crisis, de modo que lo cogí en brazos y lo llevé a casa mientras Craig llevaba a Goldie en la sillita. Más tarde, al meter a Sunny en el baño, sentí una caída repentina del suelo pélvico y entré en pánico.

Cuando acudí al médico, descubrí que tenía un prolapso bastante grave. Empecé a investigar en grupos de apoyo, pódcasts y libros y comprobé que más del treinta por ciento de las mujeres sufren un prolapso pélvico de un grado u otro a lo largo de su vida, pero que se ofrece poca prevención, educación, tratamiento o apoyo. Sentí que la rabia de lo Femenino Sagrado ancestral entraba de nuevo en ebullición y me pregunté que, si este trastorno hubiera afectado a los hombres, la situación sería la misma.

No podía entender que algo que se desarrolla de manera habitual después del embarazo y el parto pudiera disponer de un apoyo tan increíblemente escaso y que no se hablara más de ello. ¿Por qué nadie me había dicho que podía pasar? ¿Cómo era que no conocía los riesgos de coger en brazos a mi hijo pequeño durante el puerperio si tenía una tos crónica?

Era incapaz de coger a Goldie o de sacar su sillita del coche, por lo que, unas pocas semanas después, mi madre volvió de Australia para quedarse con nosotros y ayudarme con mis visitas semanales al hospital. Pero la medicina auténtica era su presencia. Me hacía tazas de té mientras yo amamantaba a Goldie y cuidaba de ella entre las ocho y las nueve de la mañana para que yo pudiera hacer los ejercicios del suelo pélvico que me había indicado la fisio. Al estar ella conmigo, empecé a progresar. Y, como yo progresaba, Goldie también lo hacía. Era el néctar sanador que tanto necesitaba yo después de no haber tenido a mi madre conmigo por culpa de la pandemia cuando nació Sunny.

Una noche, Goldie se despertó para mamar quizá por décima vez y mi madre entró en la habitación y se sentó en la silla para hacerme compañía. Cuando Goldie terminó y se durmió, mi madre hizo ademán de irse, pero se volvió a sentar y dijo:

—Esperaré hasta que las dos estéis dormidas.

Y así lo hizo. Se quedó allí sentada cuidándome mientras yo cuidaba a mi hija, su nieta.

Son un momento y un sentimiento que están profundísimamente grabados en cada una de mis células. Vi los anillos de apoyo que todos necesitamos pero que rara vez recibimos. Una red de apoyo, amor y cuidado que creo que todos ansiamos con desesperación pero que muy a menudo está ausente en nuestro mundo moderno. Echando la vista atrás, me doy cuenta de que mi madre estaba básicamente haciendo de madre y, como yo me sentía cuidada, me resultaba mucho más fácil cumplir mis funciones de madre con mi hija. Las capas de apoyo se notaban en un nivel celular.

Hemos construido un mundo carente de comunidad y desconectado de la tierra que nos sostiene. Con un poco de perspectiva, me doy cuenta de que hizo falta que mi cuerpo y el de mi hija gritaran con urgencia para permitirme recibir los cuidados y el apoyo que no sabía que necesitaba tantísimo. Me pregunto, si todas nuestras madres y todas las madres del mundo hubieran recibido capas profundas de apoyo en esos primeros años, ¿estaríamos menos desconectadas y separadas? Si viéramos a las mujeres como diosas, a la Tierra como nuestra Madre y a la naturaleza como una extensión de ella, ¿qué tipo de mundo sería este?

PREGUNTAS DEL ALMA

¿Qué apoyo es el que más anhelas en tu vida?

Si supieras que ibas a tener apoyos, ¿qué harías?

△

DESPUÉS DE LA LLUVIA

HAY ALGO MUY ESPECIAL Y SAGRADO en el momento en que deja de llover. La atmósfera ha soltado todo lo que guardaba y, a cambio, la Tierra ha quedado limpia, reabastecida y alimentada. Es una sensación parecida a la que tenemos en el momento en que paramos de llorar. Cuando esas aguas saladas y sanadoras caen, activan la oxitocina y las endorfinas, lo que hace que nos sintamos de otra manera. Lo que antes nos abrumaba ahora nos parece posible. Y, aunque no lo sepamos conscientemente, muy pronto se producirá un crecimiento perceptible.

Las emociones se calman. Los corazones rotos se empiezan a reparar. Las épocas difíciles están llegando a su fin. Se puede sentir la clemencia. Se produce un momento de alivio. Hay esperanza en el horizonte. Se puede adivinar algo positivo nuevo y estimulante. Lo que era complicado y difícil se ha aliviado o está a punto de hacerlo.

Si has estado atravesando una época dura, debes saber que muy muy pronto las cosas se volverán más fáciles. Es la Ley de la Tierra. Estas últimas semanas, meses o incluso años no han sido sencillos. Es probable que te hayan exigido ahondar más y soportar penalidades que te han puesto a prueba, pero siempre se acaban encontrando aguas más tranquilas. Las corrientes que te confundían siempre cambian. Jamás podrán arrebatarle a tu alma lo que has aprendido ni la forma en la que has crecido. Cuando lleguen, disfruta de la calidez de las bendiciones que la Vida tiene para ti. Los comienzos gloriosos y nuevos no son solo posibles, sino seguros después de la lluvia.

PREGUNTA DEL ALMA

¿Qué es aquello que has superado y que merece ser celebrado?

A través del duelo
llega la mañana.

△

LA MAÑANA HA LLEGADO

D URANTE MUCHOS AÑOS, mis noches estuvieron vacías de sueños místicos, pero luego estos regresaron con uno recurrente
en el que me veía a mí misma en una cueva desértica en lo más
profundo del vientre de la Tierra. Tenía miles de abejas por encima de mí y, a mi alrededor, había curanderas del templo ancestral
cuyo símbolo era este insecto. Poco después, me enteré de la existencia de un linaje ancestral conocido como las sacerdotisas de la
abeja, y creo que podrían haber sido las mujeres que veía en ese
sueño.

Se me mostró que la fase descendente de mi proceso de despertar, las noches oscuras del alma, estaba llegando a su fin y que la
abeja era mi símbolo para ese periodo de transformación. Su color
amarillo representaba la dulzura de la Vida: la miel, el éxtasis, la
alegría, el capullo, la flor, la dicha, la primavera, el verano. El negro
representaba las noches más oscuras, el inframundo, mi poder femenino, la aflicción ancestral, el sufrimiento, la pérdida, el sosteni-
miento, la rendición, el otoño, el invierno.

Las curanderas me transmitieron que en la luz no puede nacer
nada nuevo, que el vacío fértil de la oscuridad es el portal poderoso
a través del cual todo renace. Y que la transformación no es posible
sin ella. Que no puede haber renacimiento sin ella.

Contemplé a mi hija y a mi hijo y me conmoví profundamente por la energía exclusiva con la que cada uno de ellos había venido al mundo. Sunny llegó a la Tierra con una profundidad increíble
y una pureza potente. Me di cuenta de que era el que había estira-
do tanto mi corazón. Vi las profundidades de su alma y el acuerdo
del alma que habíamos hecho para que llegara en una época de
tanta intensidad. Vi a Goldie y el néctar dorado en el que había
venido. Era la que nos traía la miel a todos. Nuestra maestra para

encontrar la dulzura sagrada en la sencillez, la alegría que tenemos a nuestro alcance cada momento del día.

Observé el tremendo activador y sanador que era Sunny y cómo la entrada de Goldie a este mundo, conmigo como madre, no habría sido posible sin que su hermano hubiera llegado antes para despejar el camino. Se me mostraron una vez más las puertas de la Vida y cómo este viaje al que accede el alma no es una cosa nimia. Las abejas zumbaron la vibración del corazón haciendo que todo el dolor, la aflicción y el trauma residuales liberados de mis células, mi carne y mis órganos en forma de líquido negro salieran de mi cuerpo, se transmutaran y se limpiaran.

Me desperté aliviada, llena de humildad y admirada por el tremendo viaje que había realizado. A la mañana siguiente, mientras conducía por una carretera comarcal de camino a casa después de una sesión de terapia somática escuchando «Take Me to Church», de Sinéad O'Connor, que acababa de fallecer, tuve esa sensación conocida de que algo estaba a punto de suceder.

Mientras Sinéad cantaba, noté una potente oleada final de energía que empezaba a moverse a través de mí y viajaba por mi linaje materno. Abrumada por el poder femenino más salvaje, dulce, tierno y sagrado, entoné la canción por mi línea materna. En honor de todas ellas y de lo que habían soportado. Canté para ellas. Canté también para mi hija y para mí.

Al hacerlo, sentí cómo el poder de mi alma, la fuerza de vida y el Espíritu de la Vida ocupaban completamente mi cuerpo, desde la coronilla hasta los dedos de los pies. Podía notar cómo regresaba del inframundo completamente transformada. Ninguna parte de mí se había conservado inmutable. Percibí también a las Abuelas Ancestrales de la Tierra y a la Gran Madre y cómo en todo este tiempo nunca se habían apartado de mi lado. Vi lo sagrado que siempre estuvo aquí, a mi alrededor, por debajo de mí, por encima y en mi interior.

La noche más oscura había pasado y la luz de una nueva mañana había llegado por fin.

Con los dedos de los pies colgando sobre el borde,
lo comprendió:

El final es también el principio.
Y el principio no puede comenzar plenamente
si el final no acaba del todo.

Respira hondo.
Suelta.
Salta.

Segunda floración △

Segunda parte

TE ESTÁS DIRIGIENDO *a un lugar* SAGRADO

*Entender que el cambio forma parte de la vida
y que la sanación siempre se está produciendo*

El dolor le abrió el corazón de par en par,
dejando espacio para que su alma pudiera respirar.
El espacio hizo que el tesoro que guardaba en su pecho
se abriera y quedara a la vista el sueño de su alma.

La medicina de la aflicción △

△
LA SANACIÓN SIEMPRE
SE ESTÁ PRODUCIENDO

L A SANACIÓN SIEMPRE SE ESTÁ PRODUCIENDO. La naturaleza está siempre cambiando. Nosotras formamos parte de ella, por lo cual hacemos también lo mismo. Somos unos seres en cambio constante en un mundo que no deja de cambiar. Y, por tanto, estamos siempre en un estado de sanación. Regresando una y otra vez a la completitud, en cada uno de los momentos del día.

La completitud no es un estado estático, porque formamos parte de la naturaleza y esta está siempre cambiando, creciendo y transformándose. ¿Qué sucedería si viéramos la completitud no como un estado fijo y perfecto, sino como estar en el momento con la Vida misma? Con la propia naturaleza. Y, como esta no permanece en un estado perfecto y estático, recordamos que tampoco nosotras estamos diseñadas para hacerlo.

Me pregunto si nuestra obsesión por estar siempre en plena floración es lo que nos hace sentirnos rotas cuando las cosas cambian para nosotras, cuando experimentamos algo distinto a lo que siempre se ha considerado un ideal. Lo que quiero que sepas es que no estás rota, y que nunca lo estuviste; sencillamente, formas parte de la naturaleza en cambio constante de la Vida. El cambio es tu estado natural.

**En ningún momento se ha supuesto que debas
tener una única forma, tamaño o manera de ser.
Siempre te estás convirtiendo en más
y más de lo que realmente eres.**

La sanación siempre se está produciendo. En cada momento del día. Tu cuerpo sabe cómo sanar. Y también tu mente. Y tu corazón. Y tu alma. Y tus células. La Vida está siempre cambiando. Tú formas parte de ella y, por tanto, también estás siempre cambiando. La sanación se está produciendo. El cambio es tu estado natural. Nadie es inmune a la polaridad de esta experiencia humana. La única forma de vivirla es aceptar todos sus aspectos, desde el éxtasis hasta el sufrimiento intenso, desde la alegría hasta la pena, desde la floración hasta la caída de las hojas. Permite que te estire completamente. Cuando lo haces, te das cuenta de que la sanación está siempre produciéndose y de que la Vida está de tu parte. En este momento, y en todos los momentos, la sanación SE ESTÁ produciendo.

PREGUNTA DEL ALMA

Si no te vieras a ti misma como una persona no sanada ni rota, ¿qué harías?

Mitad una cosa, mitad la siguiente

Ya no sé quién soy.
Soy mitad una cosa y mitad la siguiente.
El único lugar en el que puedo asentarme es mi interior.
Sin embargo, tengo la sensación de que hasta
esa parte de mí está fluyendo.

Sé que formo parte del cosmos y que
el cosmos se organiza a sí mismo.
Pero también es un caos hermoso y siento
más caos que orden en este momento.

Quizá el caos sea la crisálida.
El gran misterio que se está reorganizando a sí mismo.
Cuanto más intentas encontrarle un sentido,
más aleatorio lo percibes.

En el momento en que encuentro algo que define
aquello en lo que me estoy convirtiendo,
se desliza entre mis dedos.
Lo único que puedo hacer es
dejar de aferrarme y permitir que todo se derrumbe.
Depositar lo que fui en su momento y lo que pronto seré
en el altar del gran misterio, esperar y, sencillamente, ser.
Y mi alma se prepara para expresar
otra parte de mi multidimensionalidad.

△
LA MISTERIOSA SINCRONIZACIÓN
DE LA SANACIÓN

L A SANACIÓN SIEMPRE LLEGARÁ a través del sentimiento. A menudo es un proceso lento y constante. Es complejo, no lineal. Tarda lo que tarda y, la mayor parte de las veces, mucho más de lo que desearíamos. Sin embargo, como todas las cosas de la naturaleza, contiene una inteligencia misteriosa. Si confiamos en ella y permitimos que los pétalos antes llenos de vida caigan a la Tierra, recortamos lo que ya no existe y protegemos los capullos e impedimos que los fuercen a abrirse, podemos encontrarnos en una segunda floración. Y el fruto vendrá después. No podemos fabricarlo. Debemos confiar en el gran misterio del proceso.

Los capullos consiguen de algún modo irrumpir abriéndose a la Vida. Contracción y luego expansión. Cuando vivimos una época de sanación —crecimiento, transformación, cambio, renacimiento—, el desafío no consiste en cerrarnos al mundo, sino en conseguir abrirnos con valor a través de las dificultades, el miedo, lo desconocido, el dolor. Y, cuando nos sintamos suficientemente seguras, en permitir que la Vida nos ablande, no que nos endurezca, dejarle que nos profundice y nos acune. Alargar la mano a lo que nos está sosteniendo a través del cambio. Profundizar nuestra relación con aquello que jamás puede extinguirse ni abandonarnos: la gran luz del alma. Confiar en que la Vida siempre nos escoltará.

PREGUNTA DEL ALMA

Si confiaras un poquito más en la Vida, ¿qué harías?

Los vientos del cambio están llegando.

Los vientos del cambio están cerca.

Los vientos del cambio están llegando.

Los vientos del cambio están aquí.

Naturaleza △

△

SIEMPRE CAMBIANDO

E L CAMBIO ES LA ÚNICA CONSTANTE en la vida. La única cosa segura e innegable. El pulso inteligente de la Vida no es estático. Siempre está cambiando. Ahora, ahora, ahora. Siempre se ha supuesto que debemos cambiar.

La naturaleza nos muestra cómo asumir el cambio en cada momento. Es difícil para la mente, que a menudo se esfuerza por conseguir un único estado perfecto, que tiende a fijarse en el pasado o en el futuro e intenta controlar la vida y acomodar las cosas según nuestra voluntad. Todo cambia. Hasta la cueva más antigua, yerma y seca del desierto fue en su momento una catedral para los peces del océano profundo.

Somos seres cíclicos en un estado constante de cambio, de evolución, de transformación, de crecimiento. Cuando te resistes a tu naturaleza cíclica y siempre cambiante, te resistes a la Vida y, al final, acabas sintiéndote atascada. Emocional, mental, física y energéticamente. Cuando te resistes al cambio, te apartas de la propia fuerza vital. Por eso nos sentimos atascadas, porque estamos estancadas y nos resistimos al flujo natural de la Vida.

Vivimos en una época en la que nos han criado para que nos consideremos algo distinto de la naturaleza y de la Tierra. Sin embargo, formamos parte de ellas. Nuestra desconexión con la Tierra y sus estaciones es lo que nos lleva a creer que deberíamos estar en plena floración todo el año, que deberíamos crecer, crecer y crecer sin dejar espacio para recortar. Cuando nos centramos en la floración eterna, olvidamos la importancia de todas las fases de la vida. Nos resistimos y nos perdemos la gran iniciación que traen consigo el otoño y el invierno. Sin embargo, la naturaleza nos lo está enseñando cada día. Está constantemente mostrándonos cómo asumir las estaciones siempre cambiantes de nuestra vida.

No estamos pensadas para permanecer siempre igual. Las relaciones no están pensadas para permanecer siempre igual. La vida no está pensada para permanecer siempre igual. Nada en este planeta está pensado para permanecer siempre igual. Es lo que nos enseñan las estaciones. Y la noche y el día. Y el tiempo y la edad. Y el nacimiento y la muerte. Podemos regresar a un lugar, a una persona, pero las cosas no serán jamás exactamente iguales que antes, porque todo y todos estamos siempre cambiando.

**Nada es estático en este rincón del cosmos.
Cuanto más intentamos controlar las cosas y
mantenerlas siempre iguales, más nos alejamos
del flujo de la Vida y de nosotras mismas.**

El cambio puede asustar, porque implica rendirse a lo desconocido de estar constantemente reuniendo el valor necesario para existir en lo intermedio. Para ser no lo que éramos, pero tampoco del todo aquello en lo que pronto nos convertiremos. Hace falta confianza en la transformación, y siempre nos estamos transformando. Confianza en la muerte para que se produzca el renacimiento.

Cuanto más nos resistimos al cambio, más nos alejamos de aquello en lo que nos estamos convirtiendo. Más nos desconectamos de la fuerza vital y de la Vida. Cuando lo asumimos, aceptamos la Vida y la naturaleza y estamos siempre convirtiéndonos. Es lo que ha venido a hacer el alma. Es el puente entre el espíritu y la materia. Vino aquí para vivir de verdad.

Gran parte del sufrimiento de nuestra vida brota de nuestra relación con el cambio. Tendemos a pasar de un estado al siguiente, ya sea QUERIENDO que las cosas cambien o NO QUERIENDO que lo hagan; queriendo que sean diferentes o que permanezcan iguales. Sin embargo, la dura verdad de la vida, y la sabiduría que nos ofrece si somos capaces de rendirnos a ella, es que la constante no existe. Solo hay cambio. Entonces, ¿cómo nos hacemos amigas de él? Es el trabajo de toda una vida.

Antes de cada uno de mis partos, tuve una enorme sensación de cambio al entrar en los días que yo denomino el intermedio. Cuando ya no somos lo que éramos, pero tampoco lo que pronto vamos a ser. Lo había experimentado de manera metafórica en periodos clave de mi proceso de despertar, pero el parto lo dejaba palpablemente claro. Aprendí que, para que se produjera la iniciación (el cambio), para podernos transformar de verdad, debíamos rendir totalmente lo que fuimos para así nacer de nuevo. Que, para que empiece algo nuevo, algo viejo debe venirse abajo.

PREGUNTA DEL ALMA

¿Cómo se te está pidiendo que aceptes el cambio
en este momento?

Retira la losa

Ella era mitad una cosa y mitad la siguiente.
Se estaba transformando.
Metamorfoseándose cada minuto.

Rindiendo los pétalos a la Tierra para
tener la oportunidad de una segunda floración.
Se encontraba en medio de la mugre
exquisita y pringosa de su conversión.

Una mezcla a partes iguales de esperanza y dolor.
De emoción y terror.
De resistencia y aceptación.
De duelo y amanecer.

Se estaba muriendo mientras seguía viviendo plenamente.
Fue justo en mitad de su vida cuando
se parió a sí misma.
¡Aleluya!
¡Retira la losa!

△

ESTACIONES INTERIORES Y EXTERIORES

«Analiza la naturaleza en profundidad y podrás entenderlo
todo mejor».

ALBERT EINSTEIN

L A NATURALEZA ES UNA ESCUELA de misterio para el alma y las estaciones son nuestras mayores maestras. Albergan los códigos
de la vida cíclica y nos muestran cómo asumir el cambio y la transformación. Una y otra vez nos enseñan a renacer, a morir, mientras
seguimos viviendo plenamente. Cuando asumimos las estaciones
cambiantes, accedemos a la transformación y el renacimiento. Si
nos vemos a nosotras mismas como una parte interconectada de la
naturaleza, cuando las estaciones cambian, sabemos que también
nosotras podemos hacer lo mismo.

El trabajo más transformador que he hecho en mi vida, y no se
produjo hasta mi tercera década, fue desarrollar una relación con
ellas. Antes de eso, me encontraba a menudo desincronizada con el
pulso de la Vida y con mi poder femenino. Pasé décadas intentando
estar en plena floración durante todo el año, tal y como me había
enseñado a hacer la sociedad, y hacerlo en un mundo de hombres
me hizo quemarme, me provocó una enfermedad crónica y me
hizo vivir de un modo que no encajaba en mi alma. Sin embargo,
tenía los secretos de la vida que mi alma tanto anhelaba justo delante de los ojos.

Durante mi primer despertar de la Kundalini Shakti, en el
2012, empecé a ver los códigos y el Espíritu de la Vida dentro de
la naturaleza. Me parecía increíble que no los hubiera percibido
antes. Todo adquirió mucha más vida y pude ver lo interconectada
que está. Caminaba por la naturaleza y escribía acerca de la comu-

nión con las plantas, los árboles y las flores. Esta práctica diaria fue la base sobre la que empecé realmente a recibir la medicina de las estaciones y a conectarme con la conciencia de las plantas.

Cuando los árboles reunían el coraje suficiente para soltar las hojas en otoño, me inspiraban a soltar mi necesidad de acoplar la vida a mi voluntad individualista. En primavera, cuando los narcisos irrumpían con valentía a través del suelo escarchado, se alimentaban dentro de mí la esperanza y la determinación. En verano, cuando las rosas se marchitaban y liberaban precisamente eso que atrae a otros hacia ellas para poder tener una segunda floración, yo recordaba la necesidad de crear un espacio para que pudiera nacer algo nuevo. Y cuando la madreselva llamaba a la abeja con su perfume, me recordaba que debía ir más despacio y saborear el dulzor.

También estudié las tradiciones de mis ancestros, incluida la rueda del año celta; sin embargo, hasta que no me mudé a Glastonbury en el 2018, honrar las estaciones no se convirtió en una parte consustancial de mi vida cotidiana. Empecé a reunirme con otras personas para celebrar estos cambios de estación e introduje el ritual y la ceremonia en mi día a día. No me había dado cuenta del hambre que tenía de ello.

Este cambio tan sencillo no era la práctica espiritual que tenía que hacer, sino solo una forma rítmica de vivir que me permitía entablar una relación sagrada con el Espíritu de la Vida. Cuanto más en profundidad seguía la rueda del año, más me conectaba con la sabiduría de mis antepasados y más sostenida y apoyada me sentía, como si realmente perteneciera a ellos.

LA MEDICINA DE LAS ESTACIONES INTERIORES Y EXTERIORES

Observé que, como seres cíclicos que formamos parte del terreno que nos rodea y que pasamos todos los años las estaciones de primavera, verano, otoño e invierno, también experimentamos otras estaciones *interiores*, las fases que recorremos por dentro de forma cíclica a lo largo de nuestra vida. Al reflexionar me di cuenta de que mi fase de noches oscuras del alma me producía la misma sensación que las profundidades del invierno. Cuando todo está reducido, yermo y aparentemente congelado, da la impresión de que nada volverá a crecer de nuevo. Sin embargo, en las profundidades de la tierra dura, hay actividad y, si permitimos que la oscuridad de las largas noches invernales nos cubra, descubriremos que muy muy pronto los capullos de la primavera volverán. Y, después, las flores y los frutos harán lo mismo.

Recuerdo que atravesé otro «invierno interior» entre el 2010 y el 2012, cuando mi vida se desmoronó. En la oscuridad de esa época respondí por fin a la llamada más profunda de mi alma y empecé a compartir mis escritos de una forma mucho más pública que antes. Dejé mi trabajo en una empresa para centrarme a tiempo completo en escribir y, seis meses después, recibí mi primer contrato de publicación.

Al asumir tanto el invierno interior como el exterior de este periodo de mi vida, pude entrar plenamente en mi primavera interior y, luego, en el verano. En mi último mes en la empresa, conocí a Craig y, un año después, nos hicimos novios. Mi primer libro se publicó cuando entraba en mi verano interior. Después de casarnos en Australia, regresé al Reino Unido y empecé a profundizar mi trabajo en los misterios femeninos. Fue mi otoño interior, y los fuegos de mi poder femenino empezaron a avivarse.

Cuanto más conocemos las características de las estaciones exteriores y los cambios que exigen a la naturaleza (recordando que nosotras lo somos también y que, por tanto, las estaciones invitan estos cambios en nuestro interior), más fácilmente podemos manejar la estación interna en la que nos encontramos y lo que nos está pidiendo.

Si desarrollas una relación con las estaciones, jamás te faltará algo que te guíe, porque ahí encontrarás una maestra muy sabia.

Cuando atravesamos las estaciones interiores de nuestra vida, podemos tener la sensación de que no está sucediendo gran cosa, pero en lo más hondo de nuestro ser se está produciendo una gran transformación. Tanto en mi vida personal como en mi trabajo he comprobado lo útil que resulta saber y reconocer la estación interior en la que me encuentro, porque, como sucede con las exteriores, cada una de ellas tiene sus propios regalos y sus desafíos.

Las estaciones interiores de la primavera y el verano tienen una energía más «masculina» que nos permite hacer realidad las cosas, salir al mundo y conseguir. Es la que percibimos en el mundo natural en las estaciones exteriores de la primavera y el verano, en las que la fuerza vital irrumpe desde la tierra y la savia empieza a subir por los árboles. Cuando estamos en una primavera o un verano interiores, esta es la que se mueve a través de nosotras: vida nueva, ideas nuevas, la capacidad de iniciar cosas, reafirmar nuestra voluntad y mostrarnos al mundo con toda nuestra fuerza.

La energía de estas estaciones interiores puede ser maravillosamente productiva, y el hecho de compartir nuestros dones nos produce una gran plenitud. Sin embargo, las que hemos sido criadas en un mundo capitalista tóxico tan centrado en este tipo de energía olvidamos a menudo la importancia de las otras estaciones interiores que atravesamos.

El otoño y el invierno interiores traen consigo una energía más interna, que también es mucho más femenina. Así como en estas estaciones exteriores nos retiramos al calor y la seguridad de nuestros hogares, en las interiores lo hacemos hacia nuestro propio interior. Viajamos a nuestra conciencia y valoramos la privacidad al manejar nuestro paisaje interior en constante cambio.

Si eres consciente de que estás en un invierno interior, no debes forzar las cosas. Lo que más necesitas en estos momentos es paciencia, ternura y quietud. Pasas de intentar reafirmar «mi voluntad» a abrirte y aceptar «tu voluntad», lo que permite que todo se desenvuelva a su manera, con su propio ritmo divino. En las páginas siguientes encontrarás un resumen de las cualidades de las estaciones interiores y exteriores.

LA MEDICINA DE LA PRIMAVERA

Arquetipo femenino: la Doncella.

La medicina: nuevos comienzos, plantar semillas, prepararse para florecer, cuidar los sueños, energía ascendente, emoción, esperanza, potencial, inspiración.

Sensaciones: emocionante, llena de promesas.

Sugerencias para tu diario: ¿Qué te ilumina? ¿Qué te está llamando tu alma a hacer? ¿Cuál es la oración más profunda de tu corazón? Si supieras que cuentas con el apoyo necesario, ¿qué harías? ¿Cuál es tu sueño secreto? ¿Qué quieres experimentar a continuación? ¿Cómo puedes vivir de verdad?

LA MEDICINA DEL VERANO

Arquetipo femenino: la Madre o la Diosa.

La medicina: florecimiento, abrirse a la vida, aceptar, placer, alegría, saborear la dulzura de la vida, arrobo, éxtasis, aventura, energía, solar, calor, disfrute, social, juego, diversión, creatividad.

Sensaciones: llena de vida, energía y aventura.

Sugerencias para tu diario: ¿Qué está surgiendo en ti? ¿Qué estás siendo llamada a crear? Si sintieras que tienes abundancia, ¿qué harías? ¿Cómo puedes acceder a la vida? ¿Qué anhelas hacer solo por diversión? ¿Qué está floreciendo en tu interior? ¿Qué te aporta placer? ¿Qué estás siendo llamada a aceptar?

LA MEDICINA DEL OTOÑO

Arquetipo femenino: la Mujer Salvaje o lo Femenino Oscuro.
La medicina: desprenderse, salvajismo, realineamiento, valor, disminuir, dejar de aferrar, aprovechar tu poder interior, frustración, rabia sagrada, alquimia, ocupar tu puesto, cosechar lo que has sembrado.
Sensaciones: poderosas y quizá amedrentadoras.
Sugerencias para tu diario: ¿Qué se está viniendo abajo? ¿A qué te estás aferrando por miedo a que nada venga a ocupar su lugar? Si no tuvieras miedo de tu poder, ¿qué harías? ¿Cómo estás siendo llamada a transmutar tu rabia sagrada en algo productivo?

LA MEDICINA DEL INVIERNO

Arquetipo femenino: la Abuela o la Anciana.
La medicina: iniciación, renacimiento, renovación, descanso, retirarse bajo tierra, el vacío fértil, rendición, misterio, desconocer, muerte, el final es también el principio, unión.
Sensaciones: como si nada fuera a volver a crecer de nuevo; un anhelo de descanso y quietud.
Sugerencias para tu diario: ¿Cómo estás siendo llamada a ir más despacio? ¿Qué nuevas semillas se te está pidiendo que alimentes? ¿Cómo se te está diciendo que debes descansar? ¿Qué quiere la parte sabia de ti que sepas?

PREGUNTAS DEL ALMA

¿En qué estación exterior te encuentras en este momento?

¿Qué te está animando esta estación a asumir?

¿En qué estación interior te encuentras en este momento?

¿Cómo se te está diciendo que debes asumirla un poco más?

Ella se preparaba para su muerte
todos y cada uno de los o t o ñ o s.

Porque sabía que,
si lo hacía,
cuando regresara la primavera,
una y otra vez,
volvería a
renacer.

La escuela de misterio de la naturaleza △

△
HONRAR LOS FINALES Y EL VACÍO FÉRTIL DE LOS NUEVOS PRINCIPIOS

E S IMPOSIBLE VIVIR LA VIDA y no experimentar finales, no experimentar pérdidas, no experimentar el cambio. Sin embargo, a la mayoría de nosotras no se nos enseña jamás la importancia de los finales. La forma de honrarlos y manejarlos.

En un mundo tan centrado en lo nuevo y que funciona a un ritmo tan rápido, hemos olvidado la importancia de hacerlo y no dedicamos el tiempo necesario a reconocer estos momentos de completitud. A veces se debe a que resulta doloroso aceptar que algo se está terminando, o a que nos apresuramos a acometer lo siguiente intentando estar en flor todo el año.

Los finales nos resultan difíciles. Nos preguntamos quiénes seremos sin esa persona o cosa en nuestra vida. ¿Qué vendrá para ocupar su lugar? Sin embargo, somos seres en cambio constante y no se supone que debamos permanecer siempre igual. Tú decides, puedes aflojar y permitir que las olas te lleven hasta la orilla o luchar contra ellas. En ambos casos, las corrientes del cambio te conducirán al mismo sitio.

Antes de empezar cualquier cosa, primero tenemos que terminar lo que había para así poder estar plenamente en el principio del nuevo principio. Si no lo hacemos, una parte de nosotras se queda energéticamente atascada en el pasado y nos vemos separadas del Espíritu de la Vida. Los finales son un tiempo de cambio y transformación y, si los reconocemos y honramos adecuadamente, se puede producir una iniciación. Una transformación. Un renacimiento. Sin embargo, muchas veces hace falta valor para que se produzca el renacimiento.

Podemos recurrir a la naturaleza para encontrar inspiración y saber cómo debemos permitir este renacimiento en nuestra vida.

Ella sabe la importancia de los finales. A menos que la rosa encuentre el valor necesario para soltar sus pétalos al viento, no llegará una segunda floración ni tampoco el fruto. Sabe que tenemos que rendir a la Tierra lo que fue para que un día podamos transformarnos.

Los finales nos lanzan al intermedio. Se nos invita a pasar de algo conocido a algo desconocido. Nos incitan a llegar al borde de nuestra vida donde descubrimos que ya no podemos volver a cómo eran las cosas, pero todavía no está claro cómo van a ser. Lo único que podemos hacer es esperar. Y, si lo hacemos, si reunimos el valor necesario para permitir que terminen correctamente, a su debido momento acabará llamándonos el sueño de un nuevo principio.

Esta época es lo que yo denomino el vacío fértil. Es la medicina del invierno interior. En el vacío fértil de nuestra vida se nos invita a tener paciencia y a entrar en un estado de descanso profundo, reparación, regeneración y aceptación. A permitir que una parte de nuestra vida, o incluso lo que fuimos antes, muera metafóricamente para que podamos volver a echar semilla, germinar, echar capullos y florecer.

A menudo, esto implica soltar, dolor o duelo. Una muerte del yo o de lo que en un tiempo fue. El final de cosas que fueron importantes para nosotras: relaciones, trabajos, identidades, formas de ser. El vacío fértil nos pide que honremos los finales para así poder volver a empezar. Es una parte fundamental del crecimiento, y no se puede crecer de nuevo sin él. La naturaleza nos muestra una y otra vez lo importante que es esta fase. Cuando plantamos una semilla en el útero oscuro y fértil del suelo, resulta fácil confundir esta etapa de crecimiento con otra en la que no esté sucediendo prácticamente nada. Sin embargo, por debajo de la superficie, las cosas no han estado nunca tan activas.

Confía en la seguridad del suelo. Déjate acunar por el gran misterio. Este es un momento muy poderoso y lo nuevo ya se está tejiendo sin que tú tengas que microgestionar cada movimiento.

La cultura occidental tiende a sortear los finales. Lo vemos cuando nuestros seres queridos, con toda su buena voluntad, evitan ser testigos de una terminación y se apresuran a buscar la parte buena. En algunos casos, esto puede resultar útil, pero también puede hacer que nos sintamos poco aceptadas, reconocidas y solas. Y esta sensación de soledad, de desconexión, es la que en ocasiones puede hacer que algunas partes de nosotras se queden atascadas en estos momentos de falta de reconocimiento.

Esto sucede sobre todo cuando experimentamos finales que no están integrados en nuestra sociedad. Por ejemplo, cuando muere una persona, los funerales y los velatorios son rituales culturalmente reconocidos que honran tanto la vida del difunto como el final de la relación física que los participantes tenían con él. Sin embargo, cuando termina una amistad, no tenemos rituales como estos que nos ayuden a superar el dolor que puede acompañarlo. Sin el reconocimiento o la comprensión, tenemos más probabilidades de sentirnos abandonadas o solas y, cuanto más solas nos sentimos, más difícil puede resultar ese final.

A veces, las conclusiones pueden ser traumáticas. Los traumas se producen cuando una persona no recibe el reconocimiento emocional que necesita durante una experiencia penosa. Muchas veces, esto puede hacer que una parte de ella quede alojada en el momento y el lugar en los que se produjo el suceso traumático.

TERMINACIONES CÍCLICAS

Existen dos tipos de terminaciones: cíclicas y no cíclicas. Las primeras son las que siguen un ciclo: el final de un día, de una estación, de un año. En tu cumpleaños experimentas una terminación cíclica de los doce meses que han transcurrido desde el anterior. Cuando una mujer llega a la menopausia y se interrumpe su ciclo menstrual, se produce también una terminación cíclica como el comienzo de una nueva fase de su vida. Aquí tienes algunos ejemplos más de terminaciones cíclicas, muchas de las cuales marcan también un inicio.

- Tener un hijo.
- El nacimiento (el tuyo propio, dar tu primer aliento).
- La muerte (la tuya propia, dar tu último aliento).
- La muerte de un ser querido.
- Dejar el colegio, la universidad o una formación.
- La menarquia (el primer periodo).
- La menstruación.
- El giro de la Rueda del Año.
- Cuando tu hijo empieza o termina el jardín de infancia o el colegio.

TERMINACIONES NO CÍCLICAS

Las terminaciones no cíclicas son menos predecibles, por lo que podemos sentirnos menos preparadas para ellas cuando nos llegan. Pueden subdividirse en otras dos categorías: las que hemos instigado nosotras mismas y las que escapan a nuestro control. A veces se producen porque una persona ha tomado una decisión consciente de poner fin a algo, pero en otras ocasiones esa decisión es inconsciente. Estos finales pueden percibirse como algo personal —por ejemplo, que te echen de un trabajo o que un amante rompa contigo— o impersonal: un rayo daña tu casa y debes abandonarla y empezar de nuevo en otro lugar. Aquí tienes algunos ejemplos más de terminaciones no cíclicas:

- El final de una relación.
- El divorcio.
- La ruptura de una relación amorosa.
- Que tu hijo se vaya de casa.
- La terminación de un proyecto creativo.

- Mudarse al extranjero.
- La terminación de un trabajo, una profesión o un voluntariado.
- La mudanza de amigos o familiares.
- La pérdida de una identidad concreta.
- Que tú o un ser querido os lesionéis, enferméis o perdáis vuestra capacidad mental o física.
- Mudarse de casa; la venta de la casa donde viviste tu infancia.
- Recibir noticias inesperadas (por ejemplo, descubrir que tu pareja te ha sido infiel, descubrir que tienes un hermano que desconocías o adquirir conciencia de que algo es distinto de como creías).
- Dejar un pasatiempo concreto, como retirarse de un deporte o abandonar algo que te apasiona.

Deseo que honremos nuestros finales por nosotras y por las demás.

PREGUNTAS DEL ALMA

¿Ha habido en tu vida algún final que no fuera debidamente honrado?

¿Qué necesitó escuchar o experimentar tu yo más joven en ese momento para que te ayudara a seguir adelante?

¿Qué debes hacer en este momento para honrar correctamente ese final?

No soy la que creía ser

He sido mil personas distintas.
Y anhelo el espacio y la libertad necesarios para
ser algo distinto de ellas.
No la que fui ni la que algún día seré.

El yo en el que me estoy convirtiendo, no el que creen que soy.
Ella ha muerto para mí. Enciendo velas para ella y para
la que fue, porque sin ella, yo no sería.
Pero ella no es yo.

Permíteme estar en el complejo intermedio.
En la mugre de mi expansión.
Permíteme ser hermosa, no bonita, porque lo bonito no es real.
Anhelo estar en la libertad de aquello
en lo que me estoy convirtiendo.
No quien dice la gente que soy,
sino quien realmente soy en tiempo real.

Anhelo el espacio de estar en el desconocimiento
sin tener que explicar a nadie lo que soy.
Al purgar todo lo que ha estado encerrado dentro de mí,
está surgiendo mucho que no es yo.
Y debe hacerlo, si quiero ser libre.

Dicen que tienes un cuerpo completamente renovado
cada siete años.
Me pregunto, ¿es posible saber quién
eres cuando ya estás en él?

Quizá el momento en que intentas definirlo,
ya no eres esa persona.
Quizá lo único que me queda por hacer sea
aceptar el misterio de mi ser.
Célula del cosmos.
Caos y orden existiendo al mismo tiempo.

△
EL DOLOR DE SEPARARSE

CUANDO LAS PERSONAS con las que mantenemos una relación dejan de crecer a nuestro lado, podemos experimentar un dolor inefable. Quizá alguna de vosotras ha cambiado y la otra no, o las dos lo habéis hecho, pero en distinta dirección y de diferente manera. El amor está presente y sigues estando ahí, en el plano físico, pero, cuanto más tiempo pasa, más distante te sientes.

¿Por qué nadie habla del dolor de separarse? Resulta mucho más fácil afligirse y ser reconocida en los tipos de dolor más definidos.

El dolor de separarse resulta difícil de entender, pero es real. Aceptar el cambio puede requerir un cierto tiempo. Sin embargo, en el momento en que se dejan las expectativas a un lado, el amor puede liberarse. Y, cuando caen al suelo los pétalos de aquello que en su momento fue fragante y estuvo vivo, se convierten en el alimento que las semillas del mañana necesitan para brotar, echar capullos y florecer.

PREGUNTAS DEL ALMA

¿Has sentido el dolor de separarte de alguien?

¿De quién te sientes muy separada en este momento?

¿Hay algo que te sientas llamada a hacer?

△

CUANDO LAS AMISTADES SE TERMINAN

Las relaciones son nuestra forma de crecer. Y también de encontrarle sentido al mundo. Nos ayudan a transitar por las estaciones siempre cambiantes de nuestra vida y *crean* muchas de ellas. Nos muestran quiénes somos y quiénes no somos. Nos invitan a regresar a nosotras mismas y a encontrar más significado en nuestra vida.

No hablamos lo suficiente del tipo especial de pena que puede surgir cuando termina una amistad. No hay funeral, ni papeles de divorcio, y rara vez alguna condolencia. Sabemos que algunas amistades son para toda la vida y otras para una estación y que, a medida que vamos cambiando, los demás también lo van haciendo. Por eso es inevitable que nuestros amigos entren y salgan de nuestra vida, creciendo y cambiando como nosotras.

Sin embargo, no existe nada tan hiriente como el final de una amistad. Nos esfumamos de la vida de nuestro amigo en lugar de despedirnos de él. Hablamos de él a los demás en lugar de ser honestas y decirle las cosas a la cara. Nos mostramos resentidas en lugar de agradecidas. Ojalá nos enseñaran en el colegio a manejar las amistades. Ojalá conociéramos la importancia de honrar lo que en su momento fue y la forma de completarlo en paz.

El final de una amistad puede dejarnos en una zona indefinida. Así como los límites de una relación amorosa suelen ser claros, los de una amistad son más borrosos, y eso puede dar lugar a confusión y a suposiciones. Cuando termina una amistad significativa, es importantísimo honrar ese final, pero en nuestra sociedad carecemos de rituales que lo apoyen.

Los finales más dolorosos que he vivido han sido de amistades. Solo me ha sucedido un par de veces, pero los sentimientos fueron muy profundos y el dolor vino fundamentalmente por una falta de comunicación acerca del propio final y por no honrar la belleza que la relación había traído consigo a las estaciones de nuestra vida. Evitar engendra confusión, y eso produce un final abierto en lugar de una pizarra en blanco.

PREGUNTAS DEL ALMA

¿Has tenido algún final de una amistad
al que no hayas podido hacer el duelo?

¿Hay algo que te sientas llamada a hacer
para honrar este final?

△
DEJA QUE TE ROMPA PARA
QUE TE RECOMPONGA

DEJA QUE TE ROMPA para que te recomponga. No te cierres. No te interrumpas. La única forma de pasar de la tumba de lo que fuimos al útero de lo que pronto seremos es permanecer en ello. Mantenerse abierta y vivirlo. Confiar en la oscuridad fértil del vacío de los nuevos inicios. A través de la separación de la única cosa que conocías. A través de la incertidumbre de tu transformación.

El día que naciste fue tu primera iniciación y alberga en su interior los códigos de tu constante transformación. La forma más rápida de transformarse es encontrar una manera de abrirse a ella y vivirla. Este es el desafío de todos los renacimientos. Encontrar de algún modo el aliento de la Vida y permitirle que se mueva a través de nosotras, por muy intensas que sean las contracciones.

Cualquier matrona sabe que en el momento álgido de la transición es cuando la iniciada duda más de su capacidad para cruzar el umbral y nacer de nuevo. Pasar de un estado al siguiente. Cuando estamos en el borde y se nos invita a saltar al abismo es cuando más queremos dar un paso atrás y guardarlo todo. Interrumpir. Cerrarnos. Volvernos inconscientes. Aferrarnos a cualquier cosa capaz de aliviar el dolor. Hacer que desaparezca. Controlar y contener el poder incomprensible de la Vida.

La matrona sabe también que, en el momento en que estamos seguras de que no vamos a conseguir llegar al otro lado, estamos a punto de hacer la transición a través de ello. Que jamás hemos estado más cerca de nuestra transformación que cuando creemos que no podemos seguir. Sin embargo, para que se produzca esa transformación, tenemos que estar dispuestas a permitir que nos rompa (nos cambie) para que pueda rehacernos (transformarnos).

Para hacer pedazos los grilletes que nos mantienen sujetas a lo que fuimos y tener la oportunidad de nacer de nuevo. Esto es lo que supone vivir de verdad.

Sin embargo, en el momento más imposible es precisamente cuando se produce el renacimiento. Y esto no es solo un milagro, sino también una ley fundamental de la naturaleza, del cosmos y del planeta Tierra. Tus células lo saben. Y también tu alma. A tu cabeza es a quien hay que recordárselo. A todas se nos está invitando a parirnos a nosotras mismas de nuevo.

Por ello, la única forma de pasar de la tumba de lo que fuimos al útero de lo que pronto seremos es rendirse a la energía del parto, al aliento de la energía vital, y encontrar una forma de abrirse a ello y a través de ello. Permitir que los dolores de parto te rompan para que así puedan rehacerte. Estos son los misterios del parto.

PREGUNTA DEL ALMA

¿Qué parte de ti se te está pidiendo que rindas
para nacer de nuevo?

△

LIBERAR LOS PÉTALOS DEL PASADO

Cuando se produce un final, llega un punto en el que ya no hay vuelta atrás. En un instante aparentemente fugaz, el camino que nos condujo hasta aquí se cierra de repente. Con el corazón encogido sabemos que las cosas nunca volverán a ser como antes.

Una muerte, un nacimiento, una pérdida, un crecimiento, un final, un descubrimiento. Por mucho que te esfuerces, ahora las cosas son distintas. Tú eres diferente. El mundo ha cambiado. Lo que veíamos ya no se puede ver. Algo nuevo te insta a avanzar. Se necesita valor para que se produzca el renacimiento. El escaramujo sabe, y también el fénix, que tenemos que entregar a la tierra lo que había para que un día podamos transformarnos en algo nuevo.

Cuando soplan los vientos de cambio, podemos aferrarnos a los pétalos del pasado. Sin embargo, a su debido momento descubriremos que el cambio está llegando, que está cerca, que ya está aquí. Y, aunque lo que era ya no es y lo que pronto será no es todavía, es el momento de ofrecer a la tierra lo que era y permitirle que alimente las semillas que se esconden en lo más profundo. Si las nubes no hubieran soltado el agua que albergaban, los árboles no habrían recibido la alimentación que necesitaban para crecer. Cuando reunimos el valor necesario para liberar lo que era, se nos saluda con los frutos de nuestro futuro más dulce.

PREGUNTAS DEL ALMA

¿Qué te están instando a dejar atrás?

Si no tuvieras miedo al cambio, ¿qué acogerías?

Construyó su casa con palos y piedras.
Con urgencia, tal y como le habían enseñado a hacerlo.
En un terreno que nunca fue realmente suyo.
En un lugar que habían elegido para ella,
pero que ella no había elegido.

Lo que creía que era la tierra era de hecho
una cornisa. Siempre deshaciéndose. Su estable inestable.

Cuanto más alto construía, mayor era la caída.
Los vientos inevitables del cambio
eran una amenaza constante.

Tantos momentos de alegría desbocada malgastados
preocupándose por un millón de
futuros y pasados posibles y distantes.
Ninguno de los cuales fue suyo en ningún momento.

Obsesionada por una hipervigilancia que le decía
que nunca era seguro descansar.
Perseguida por aquello mismo de lo que ella
se esforzaba tan desesperadamente por huir.

Congelada por historias heredadas. Su alma la despertaba
en lo más oscuro de la noche con la torre ardiendo.

Su cuerpo era un volcán de rabia intergeneracional ancestral.
Dormido durante siglos y ahora preparado
para entrar en erupción.

Durante nueve meses su cuerpo fue tierra de otro.
De las células a los órganos, de los huesos a la carne.
Fue el hogar para que un alma se plantara aquí.
Un portal para que el espíritu descendiera a la materia.

Le hizo comprender hasta qué punto
anhelaba descenderse.
A la seguridad de la tierra
profunda, oscura y húmeda de la Diosa.

Por eso dejó de buscar e hizo su
descenso al barro de la Tierra que siempre
había estado disponible para acogerla.
Y se hundió en el vacío fértil de su transformación.

△

LA SEGUNDA FLORACIÓN

JUSTO CUANDO CREEMOS que el verano ya ha pasado y que el otoño está cerca, algunas plantas nos bendicen con una segunda floración inesperada. Quizá tengas una creación que está esperando a aparecer, o una nueva relación o pasión. Quizá lo que está esperando para nacer sea una nueva versión de ti.

Cuanto más abiertas estamos al cambio, más lo estamos a la Vida. Y cuanto más abiertas estamos a la Vida, más lo estamos a nacer de nuevo. Sí, esto es lo que significa vivir de verdad. Estar abierta a decir que sí a la Vida... para que, cuando a su debido momento exhales tu último aliento, lo hagas sin que quede ningún sueño por vivir dentro de ti.

Nunca es demasiado tarde para rendirte a lo que está floreciendo en tu interior. Lo único importante es que confíes en los capullos que están deseando crecer y darse a conocer. Con independencia de la edad que tengas o de lo que te haya ocurrido previamente, se te está instando a que te rindas a una segunda floración. A que des la bienvenida a lo nuevo y lo compartas con el mundo. A que reconozcas tus pasiones secretas, tus anhelos, tus creaciones y tus deseos y les permitas florecer y fructificar.

Si permitimos de manera correcta que las cosas terminen, siempre llegarán nuevos principios. Si nos rendimos a los ciclos de la vida, después del invierno llega siempre la primavera. Si cuidamos las semillas en el terreno fértil, a su debido momento brotarán.

PREGUNTA DEL ALMA

¿Qué sueño inesperado o secreto quiere
florecer y fructificar dentro de ti?

Hizo falta que llegara a la mitad de su vida
para que se diera cuenta de que aquello
de lo que estaba huyendo era
lo que en realidad la estaba persiguiendo.

Agotada △

△

TODAS ESTAMOS HUYENDO DE ALGO

A VECES HACE FALTA que pares para que te des cuenta del ritmo al que estabas avanzando y del tiempo que llevabas corriendo.

A veces hace falta que el mundo se derrumbe para que te des cuenta de que aquello de lo que estabas huyendo era precisamente lo que te estaba persiguiendo.

A veces hace falta que te obliguen a ir más despacio para que te des cuenta de que la única forma de parar es afrontarlo.

A veces hace falta que tus peores miedos se hagan realidad para que vayas más despacio y vivas de verdad.

Todas estamos huyendo de algo

¿Qué es lo que te está persiguiendo?

PREGUNTAS DEL ALMA

¿De qué estás huyendo?

¿Qué te está persiguiendo?

△

¿QUÉ ES LO QUE DE VERDAD ANHELAS?

REGULA TU RITMO con el de la Tierra. Ve más despacio y sigue ese pulso inteligente y rítmico. Ha estado latiendo desde que la Tierra era joven, mucho antes de la llegada de la primera Madre. Encuentra el camino de regreso a su ritmo hipnótico. Allí encontrarás la paz. También abundan el descanso, el rejuvenecimiento y la inspiración. Descubrirás los códigos de la creación y la impronta por la que elegiste venir.

Es cierto lo que dicen: todo aquello que tu alma busca también te está buscando a ti. Deja esa búsqueda incesante en lugares distintos a aquel en el que estás. Tu alma te está siempre llamando hacia ello y te habla con anhelos y deseos. Las cuatro cavidades de tu corazón son lo único que necesitas para localizar el hilo dorado de tu vida. Tras ello viene el coraje necesario para seguirlo hasta los huesos y la carne de tu vida. Este es un planeta de manifestación, sí, pero tanta búsqueda y tanto intento por conseguir no hará sino dejarte más cansada y hambrienta de lo que estabas. Porque hay una diferencia entre cocrear y acumular. Elige crocrear y tu destino se convertirá en tu sino.

Nada de lo que cocrees puede serte arrebatado, porque la creatividad se te concede en el momento. Puedes sentir satisfacción al fundirte con la Vida para hacer que nazca algo nuevo. La fuerza vital se incrementa en tu interior y tú también eres devuelta a la vida. Y, cuando estés ahí al final de tus días, el amor que hayas dado, los corazones que hayas acunado y lo que hayas creado de forma exclusiva serán lo que te haga saber lo plenamente que has vivido.

PREGUNTA DEL ALMA

¿Qué es lo que de verdad anhela y desea tu alma?

Cien personas diferentes

Ya he sido cien personas diferentes.
Y sé que seré cien más.
Estoy cansada de pretender ante el mundo
que sigo siendo la que creía que era.

Con tanta gente creyendo que
me conoce y que me dice lo que
cree que soy, me resulta difícil conocerme a mí misma.

Está claro que no soy quien ellos creían que era.
No soy tampoco la que yo creía que era antes.
Justo ahora, en este momento,
ya he cambiado.

En una época en la que cuidamos lo que
somos para los extraños de Internet,

resulta fácil sentirse enmascarada
y atrapada.

La única forma de conocerte a ti misma
es darte cuenta de que, en el momento
en que crees que te conoces,
debes desechar eso, porque para entonces
ya te habrás transformado en otra persona.

Si alguien te dice:
«Has cambiado...»,
Responde: «¡Por supuesto, naturalmente!».

Ya he sido cien personas diferentes.
Y pronto, un día,
estoy segura de que seré cien más.

△
DA LIBERTAD A TU ALMA

CUANDO PROYECTAS AL MUNDO una y otra vez una imagen de lo que eres, eso pasa factura al alma. Porque el alma es parte del gran misterio. Es imposible contenerla o encerrarla en una bella cajita. Y anhela, por encima de todo, sentirse libre. Las proyecciones de los demás tiran con fuerza de ella, y eso puede hacer que levantemos un muro alrededor de nuestro corazón para protegerla. Sin embargo, en el momento en que se erigen esos muros, el alma anhela espacio para respirar.

No te encajones. Retira las vallas, el exceso de planificación y la necesidad de perfección, y da espacio a tu alma para que sea. Solo necesita espacio para sentirse libre. Es multidimensional, jamás una sola cosa. Es imposible ser una sola cosa. Si lo intentas, te encontrarás encerrada en una jaula que tú misma habrás creado. En el momento en que te sientes atrapada, cautiva, te apartas del espíritu y de la creatividad. El alma ansía cocrear con la Vida.

Por tanto, libérate de todo aquello que pretenda definirte o confinarte. Salta a lo desconocido y da espacio a tu alma para que sueñe. Reúne el valor necesario para asumir el gran misterio de ti como una expresión siempre cambiante de espíritu tejido en materia. Da libertad a tu alma y a tu espíritu creativo.

PREGUNTAS DEL ALMA

¿Qué está haciendo que te sientas atrapada en este momento?

¿Qué te sientes llamada a hacer para sentirte más libre?

La jaula de una vida creada de manera consciente

La primera vez que se despertó,
creó una historia nueva para sí misma.
No, hizo algo más: se creó una vida completamente nueva.

Una que le parecía acorde con quien era,
no con quien la había criado el mundo para ser.
Una que le parecía que podía albergar
su multidimensionalidad.

Sin embargo, la vida cambió, el mundo cambió.
Y, con él, también lo hizo ella.

Y una vez más se despertó en mitad de una vida que
ella se había creado de manera consciente
pero que ya no se ajustaba
con lo que era y con lo que estaba llamada a ser.

Anhelaba de corazón liberarse
de los grilletes de sus sueños cumplidos.

Anhelaba no una vida
distinta de aquella en la que estaba sumida,
sino el espacio de ser, dentro de ella,
aquello en lo que se estaba convirtiendo.

△
AUTOABANDONO

La gente tiene que cambiar y, por eso, es normal que nuestras relaciones hagan lo mismo. El cambio es duro de manejar, pero nos duele muchísimo más cuando hemos hecho que nuestra valía y nuestra felicidad dependan de cosas y personas externas. Podemos haber aprendido que abandonarnos a nosotras mismas es la única forma de impedir que los demás nos abandonen. Duele cuando alguien nos abandona, pero el dolor es diez veces mayor si nos abandonamos a nosotras mismas siendo lo que *creemos* que quieren que seamos y, aun así, nos abandonan.

Cuando surge el miedo al abandono, la invitación que tenemos a nuestro alcance es volvernos hacia nosotras mismas y decir: «Jamás te dejaré». Ofrecernos el amor y el compañerismo que tememos perder o no recibir. Encontrar seguridad en nuestra propia compañía. Encontrar amor en nuestra propia presencia.

Podemos elegir no dejarnos nunca. Ser protectoras leales y compasivas del ser precioso que elegiste ser aquí, en este cuerpo, en este planeta, en este tiempo. Tú eres tu compañera más fiable. Y, aunque quizá esta práctica no sea algo que te hayan enseñado cuando eras joven, puedes cultivarla y establecer ahora este compromiso. Invita a tu yo adulto a volverse a tu yo infantil y dile: «Pase lo que pase, jamás me iré de tu lado. Pase lo que pase, nunca jamás te abandonaré».

PREGUNTAS DEL ALMA

¿Cómo te abandonas a ti misma
o cómo lo has hecho anteriormente?
¿Qué puedes hacer de otra manera para elegirte a ti misma?

$\triangle$

SER AMADA POR QUIEN ERES, NO POR LO QUE ERES

LOS SERES HUMANOS necesitamos que nos comprendan. En nuestros primeros años, cuando aún no están conformadas nuestras personalidades y tanteamos el mundo con cautela a ser amadas por *quienes* somos y no por *lo que* somos puede determinar la trayectoria de nuestra vida. Permite que se desarrollen el amor y la fe en nosotras mismas. Cuando no nos entienden o nos aman solo por lo que somos, creemos que debemos estar a la altura para recibir el amor que es nuestro derecho consustancial. Ser nosotras mismas no es suficiente, y esto provoca más dolor del que merece.

Se puede sanar y recibir este amor y esta comprensión como adultas, pero hace falta que sintamos la pena, la rabia o el dolor y que luego acojamos en nuestro corazón a la niña que albergamos y nos demos lo que no recibimos en su momento. A veces, este tipo de separación es lo que conduce a la gente por un camino de espiritualidad e inspira una búsqueda más profunda y un anhelo por un amor todavía no recibido, pero profundamente deseado, recordado incluso por el alma. Este anhelo nos lanza en una búsqueda para encontrar dicho amor incondicional, un amor que nos apoye, nos sostenga y nos nutra sin reservas. Un ansia de caer en los brazos de la Gran Madre.

En nuestra sociedad se han cortado tantas cosas que anhelamos la conexión ancestral con la Tierra, y todo esto está surgiendo ahora para ser sanado. Está siendo purgado en muchísimas de nosotras. Muchas están procesando lo que hasta ahora no se habían sentido suficientemente seguras para sentir; quizá esto forme parte de la gran sanación y el renacimiento. Los antepasados antiguos y futuros nos llaman desde todos los confines del mundo, desde todos los ángulos de la realidad para que reparemos lo que había sido cortado. Cada una de nosotras que tenga el valor de sentir está limpiando un poquito de nuestro linaje y, con ello, de forma lenta pero segura, estamos encontrando el camino de vuelta a nosotras mismas, a las demás y a la Tierra.

PREGUNTA DEL ALMA

¿El amor de quién ansías
y cómo podrías destinar esa energía a ti misma?

Ella se miró a sus ojos
y le ordenó a su alma que no se fuera.
Sabía que la vergüenza era una herramienta
que utiliza el patriarcado.
Y en esta ocasión se negó a ser nada más
que salvaje, desatada y libre.

Recuperación del alma △

$\triangle$

NO HAY NADA MALO EN TI

Eres sagrada y estás completa. Eres inocente e innatamente buena. No te expulsaron del paraíso. No nos lo hicieron a ninguna de nosotras. Eres plenamente bienvenida aquí. Si tienes la sensación de haber hecho algo malo sin saber qué, si te sientes avergonzada por haber hecho daño a alguien o si te cuesta perdonarte a ti misma, ha llegado el momento de que deseches toda la vergüenza, los juicios o los malos sentimientos. Tienes que hacer lo que sea necesario para soltarlos y reparar los daños. Para recordar que eres humana y que, como tal, estás aquí para aprender y crecer. Exactamente igual que todos los demás.

No hay nada malo en ti. Eres una obra siempre cambiante y en construcción. Todos lo somos. Estás aprendiendo y desaprendiendo. Igual que todos. Sé amable contigo misma y, en consecuencia, también con los demás. Regresa a tu humanidad. A tu condición de ser humano.

Recuerda que nunca fuiste perfecta y que ser humana no es algo relacionado con la perfección. Crece y aprende… pero hazlo con suavidad. Tienes derecho a estar aquí porque *estás* aquí. No necesitas demostrar tu valía. Hay bondad en ti. Recuérdalo. Atesóralo. Y atesóralo también en los demás.

Todos hacemos las cosas lo mejor que podemos. Cuando aprendemos, podemos elegir hacer algo nuevo. Comprométete con aprender y hacerlo mejor cada día. Esto es lo que significa ser humana. Asumir nuestra condición como tal. Sin ella, negamos nuestra sombra, y afrontándola sin defensas es como podemos aprender y crecer. Acepta tu humanidad y te resultará más fácil aceptar a los demás y al mundo en su totalidad. Rinde tu espada; no tienes que demostrar nada más.

PREGUNTA DEL ALMA

¿Cómo puedes ser más amable contigo misma?

Por primera vez,
se miró al espejo
y se vio como realmente era.

Un milagro cósmico experimentándose
a sí misma en el plano físico.

El templo eres tú △

△

LAS CAPAS INVISIBLES DE LA SANACIÓN

La sanación tiene muchísimas capas, sobre todo cuando nos estamos sanando dentro de un sistema o de una relación. Los patrones transmitidos y las rupturas que no se han reconocido... No subestimes el número de capas e hilos de la sanación.

A veces puedes encontrarte en una constelación o en un sistema en el que, por mucho que te esfuerces, hace falta que otros trabajen también para que se produzca la sanación. Intenta ablandarte cuando te sientas frustrada por no haber superado lo que viene de tu pasado. Muchas veces, la sanación implica mucho más aparte de ti. Si te encuentras sosteniendo los hilos de la sanación en un sistema que no tiene ningún interés por sanarse, y te has implicado al máximo, no pasa nada por dejar de intentar hacerlo en el plano físico y pasar al espiritual. Porque no siempre se puede hacer en el físico.

La sanación tiene muchas capas, y no solo en nosotras. Ancestralmente, la albergamos en nuestro cuerpo, en nuestras células y en las creencias, historias, traumas y heridas de los que vinieron antes que nosotras. Por supuesto, también llevamos con nosotras los dones, las fortalezas y los triunfos.

Cuando una persona se sana en el sistema familiar, envía ondas por la línea ancestral hasta los extremos, tanto hacia adelante como hacia atrás. Si hay otras personas deseando sanar en tu sistema, serán unos engranajes muy útiles para la sanación del linaje y, en consecuencia, de la humanidad. Aquellos que eligen venir a linajes llenos de personas que se aferran inconscientemente a las heridas en lugar de asumir de manera consciente la sanación de la línea se han apuntado a una tarea más complicada.

Invoca aliados de tu linaje, hacia adelante y hacia atrás, para que te ayuden en el presente. No tienes por qué hacerlo sola, ni siquiera cuando en el plano físico parezca que así es. No te mortifiques y creas que hay algo malo en ti porque sientes demasiado en un linaje en el que hay demasiadas cosas muy reprimidas. Si sientes demasiado, lo más probable es que también tengas una capacidad enorme de amar y sentir, porque la pena es la evidencia de lo mucho que amas y de lo abierto que tienes el corazón.

Recuerda que la sanación se está produciendo en todos los momentos del día. Es valiente mantener el corazón abierto cuando otras personas de tu sistema dirigen su dolor contra ti.

PREGUNTA DEL ALMA

¿Cómo puedes ser más paciente y tierna contigo misma?

Individuación

Tras años de hambre de mirar a otras personas
para dar y recibir el amor con el que había venido,
decidió redirigirlo hacia sí misma.

Se desenganchó del sistema
que la obligaba a intentar conseguir
algo que jamás podría alcanzar.

Tras décadas de espera,
asumió su papel como anciana
cuando aquellas que eran mayores que ella no lo habían hecho,
porque las que eran mayores
que estas tampoco lo habían hecho.

Se inició a sí misma para algún día
poder iniciar a su vez a otra.

△

LA QUE TIENE EL VALOR DE SANAR

ALGUNAS DE NOSOTRAS estamos aquí para sentir lo que no se ha sentido. Para procesar lo que no se ha procesado. Para sanar en nombre de aquellos que no pudieron hacerlo. La sanación es cambio. Perpetuo. No es fácil. No es bonita. Para sanar, se requiere mucho valor. No puedes despertar sin él. Y también es lo más natural del mundo.

Los patrones y recuerdos ancestrales giran en espiral dentro de nosotras. Muchas están experimentando un procesamiento repentino de cosas vividas y transmitidas de célula a célula. Como planeta, vamos lanzadas de vuelta a la tierra de nuestro cuerpo y a nuestra humanidad. Se nos insta a regresar a los brazos de los demás. A ser la madre y el padre que tanto anhelamos. A ser el hogar que tanto deseamos. A regresar a la Tierra, a nuestro cuerpo, a los demás.

El dolor recorre las sociedades y las líneas ancestrales hasta que alguien está despierto, con el corazón abierto y el valor suficiente para sentirlo. Este es el papel de la sanadora del sistema, de la que rompe el ciclo: recordar a la persona valerosa, que se niega a cerrar su corazón al mundo, que no es su dolor y que la sanación se está produciendo en cada momento del día.

**Todas podemos ser sanadoras si así lo decidimos.
Porque la sanación es cambio y el cambio es
naturaleza, y esta está en nuestro ADN.**

El linaje es el primer sistema al que nacemos. La sanadora del sistema, la que rompe el ciclo, percibe aquello que otras no son capaces de captar. Está aquí para procesar lo que hasta ahora no se ha podido sentir y sanar con seguridad. Resulta desorientador, y uno de los trabajos de sanación más profundos que existen. La sanadora asume energéticamente y procesa aquello de lo que se han apartado otros miembros del sistema: la ira, el dolor, la aflicción, la desesperanza, la pena, la culpabilidad, el arrepentimiento, la vergüenza. A menudo se la considera un problema que hay que arreglar más que aquella que está revelando lo que está roto en el sistema. En una sociedad sana, se acoge a los que están sufriendo en lugar de aislarlos y estropearlos o corregirlos.

En mi formación chamánica aprendí el efecto energético que producen los secretos familiares en el bienestar de los miembros de un linaje. Un secreto familiar es unos acontecimientos o una información que los miembros ocultan, ya sea entre ellos o a las personas ajenas a la familia. No conozco ningún linaje que no tenga alguno. Y vivimos en una época en la que están saliendo a la luz muchísimos en numerosos sistemas distintos del mundo.

El sistema impide, ya sea consciente o inconscientemente, que el secreto salga. Por eso, a la sanadora, a la que se ha propuesto procesarlo, se la deja cada vez más aislada y no se la comprende. Se la libera cuando los demás entienden la energía que han asumido y la devuelven a su legítimo propietario. En ese momento, todo el sistema queda libre si el legítimo propietario reúne el valor necesario para reconocer lo que desde el principio había estado intentando evitar. Sin embargo, también se puede hacer esto en su nombre.

PREGUNTAS DEL ALMA

¿Qué patrón ancestral se te está llamando a limpiar?

¿Hay sistemas que viniste para sanar o cambiar?

¿Tiene tu familia algún secreto que conozcas?

Resulta muchísimo más fácil culpar
a un sistema que a una persona.
Cuando culpas a una persona,
el problema es externo y fijo.

Quema al «otro».
Silencia al que dice la verdad.
Ahoga al soñador.
Échale el muerto al perturbador.

Cuando culpas a un sistema,
necesitas afrontar la parte que tú desempeñaste en él.
Resulta mucho más fácil echar la culpa
a un sistema que a una persona.

La que rompe el ciclo △

△

LAS QUE ROMPEN EL CICLO

L AS PERSONAS que rompen el ciclo han venido para activar algo dentro de un sistema. Sin embargo, para ello, primero sacan a la luz dentro de los demás aquello que todavía debe sanarse, porque nada se puede sanar a menos que se sienta.

No todo el mundo quiere sanar, porque eso significa afrontar el dolor, y muchos eligen apartarlo de sí. Si eres una de las que rompen el ciclo, lo primero que debes comprender es que tu presencia activa y sana, aunque quizá no siempre se reciba o perciba de manera exacta. Haz todo lo posible para no tomártelo como algo personal. Como soñadora consciente, naciste para cambiar cosas. Para no pensar y actuar como todos los demás. Para vivir un nuevo sueño despierto. Nunca se supuso que debieras encajar, ser igual. Viniste para cambiar cosas.

Las flores silvestres y las hierbas lo saben, y también los animales. La diversidad es crucial para la armonía de la Tierra. No pases tu tiempo intentando ser algo distinto de lo que eres. Aquellos que intentan cambiar por miedo a la incertidumbre son los que tienen más probabilidades de sentirse incómodos en tu presencia. Sin embargo, esta es la que puede sanar.

**Sigue estando presente al sueño de tu alma.
Estás aquí para procesar aquello que no ha sido
procesado. Para activar en tu sistema cosas que
están listas para ser sanadas.**

Sin embargo, para sanarlo, necesitas sentirlo, y para eso hace falta tener coraje y agallas. Para sanar algo, primero debes reconocer lo que está roto o congelado. Estás aquí para insuflar vida a las partes del sistema que han sido separadas o congeladas. En las que el espíritu y la materia se han distanciado. No es fácil, pero ya lo sabías cuando viniste. Y, aunque algunas podáis tener la sensación de que estáis haciendo este trabajo solas, debéis saber que formáis parte de un equipo mucho mayor de almas que accedieron a la sanación colectiva de la humanidad.

Estáis estratégicamente distribuidas por todos los rincones del planeta. Debes saber que, aunque te sientas sola en el plano físico, en el espiritual hay muchas más almas a tu lado. Invoca su apoyo y su estímulo cuando más lo necesites y envíales los tuyos.

Sé que esta vida puede resultar confusa y que puede volverse muy solitaria. Sin embargo, debes tranquilizarte sabiendo que también puede estar llena de mucha alegría y dulzura. Con mucha frecuencia, el antídoto para lo que nos hace daño es afrontarlo totalmente. Tu fuerza vital es preciosa. Si pasas tu vida evitando, también evitarás el momento presente, y este es el único lugar en el que puedes hacer realidad el sueño despierto de tu alma, que es vivir plenamente.

Somos las generaciones que rompen ciclos. Estamos aquí para traer un realineamiento enorme. Espero que lo hagamos con amabilidad.

PREGUNTAS DEL ALMA

¿Se te ocurre alguien de tu vida que desempeñe el papel de rompedor de ciclos en un sistema? (Puedes ser tú misma).

¿Cómo puedes aumentar tu compasión
y apoyo hacia esa persona?

Invoco a los antepasados serviciales y positivos
del futuro, el presente y el pasado.

Liberadnos de todos estos patrones
inconscientes que nos hieren a todas.
Liberadnos de estos patrones
de una forma realmente duradera.

**Que quedemos desatadas,
desatadas, por siempre desatadas.**

△

MADRE, NUESTRO PRIMER AMOR

> «Se dice a menudo que el primer sonido que escuchamos en el útero es el latido del corazón de nuestra madre [...]. Vibramos a este ritmo primigenio antes incluso de tener oídos para oír».
>
> LAYNE REDMOND

EL AMOR QUE SENTIMOS hacia nuestra madre no se parece a ningún otro. Es nuestra primera relación sensual e íntima. Este amor influye en todas las demás relaciones que vengan más tarde. Es el portal a través del cual entramos a este mundo. El portal y la dadora de vida.

Con independencia de la forma en la que fuimos criados, la primera relación que tenemos antes de entrar en este mundo es con nuestra madre biológica. Somos gestados en el mundo acuoso de sus células, su ADN, sus emociones, sus creencias, su amor, sus pensamientos, su alegría, su pena, sus lágrimas y sus miedos; todo ello queda impreso en nosotras.

La forma de ser de nuestra madre afecta a lo que seremos. Y lo mismo podemos decir de su madre, y de la madre de su madre. Y así sucesivamente hasta llegar a la Gran Madre. De la célula al órgano, de la carne al cuerpo, la Madre nos da vida. Nos alimenta. Es nuestro primer mundo, el único que conocemos hasta que cruzamos el umbral del agua al aire y a la Tierra, cuando aprendemos a respirar por nuestra cuenta en el momento de la separación.

Nuestra relación con el arquetipo de la Madre revela nuestra relación con nuestro cuerpo y con la Tierra. Es mucho más profunda que la que tenemos con la persona que nos gestó o nos crio, con la que estaba o no presente. Engloba nuestra relación con la Vida misma.

Saca a la luz la verdad de lo mucho que se ha desconectado nuestra sociedad de lo femenino. Ilumina lo imposible que es para cualquiera estar a la altura del arquetipo de la Madre en un mundo patriarcal. Cómo todas las madres están destinadas al fracaso.

Lo que aprendemos y creemos acerca de este arquetipo influye en nuestra forma de criar y cuidar a los demás y a nosotras mismas. Y, con independencia de cuál haya sido nuestra experiencia de vida, con conciencia podemos elegir cómo hacerlo. Si no hemos tenido un ejemplo o un conocimiento positivo de este arquetipo, podemos tomar la decisión de encontrar una forma de redefinirlo e imaginarlo para nosotras.

PREGUNTAS DEL ALMA

¿Qué es lo que más anhelas o anhelabas de tu madre?

¿Qué es lo que más anhela o anhela tu madre?

¿Cómo puedes ser una madre amorosa para ti misma?

△

SANAR
EL LINAJE MATERNO

D URANTE MI EXPERIENCIA MÍSTICA con la Gran Madre en el centro
de la Tierra, y en mis investigaciones subsiguientes sobre el
trauma intergeneracional y la sanación del linaje materno, descubrí
que, en el nivel celular, pasamos cinco meses dentro del útero
de nuestra abuela, y que ella a su vez se formó en el útero de la
suya. Y así sucesivamente a lo largo del linaje materno de todos
nosotros. Y ahí precisamente es donde está nuestra oportunidad
para actuar en la sanación de la humanidad.

A través de nuestro linaje materno podemos aclarar lo que ha
sido seccionado. A través de él podemos llegar hasta la Madre Original. Puedes hacer este trabajo sin estar en contacto con tu madre
biológica y tanto si esta vive como si ya ha fallecido. A través de
nuestro linaje materno podemos regresar a los demás. Su sanación
puede empezar con la de la relación que mantienes con tu propia
madre. De todas formas, en seguida verás que no todo está relacionado con ella. Fue el cuerpo en el que creciste y el portal a través
del cual eligió tu alma entrar en este tiempo.

Quizá haya sido aquella en la que sentiste el intenso sufrimiento de la separación por primera vez porque, como ya he dicho,
nuestra madre es nuestro primer gran amor, porque en su momento fuimos una con ella. Sin embargo, si escarbas un poco más, encontrarás un rastro que te conducirá hasta el punto central de la
humanidad a lo largo del linaje materno. Y ahí, transmitidos de
célula a célula, están los crímenes contra lo femenino y contra la
humanidad.

Esta es una época de mucho desenmarañar y desatar, de penar
y sanar, de aceptación humilde y profundo procesamiento celular.
Lo que previamente había sido pasado por alto, malentendido, so-

metido, edulcorado y sorteado está surgiendo desde lo más profundo de nuestro ser y a nuestro alrededor. Estamos viendo aquello que se había almacenado en las células que existían antes de que eligiéramos venir. Los momentos en los que el alma y la célula estaban separadas. Los recuerdos impresos en nosotras y a través de nosotras. El procesamiento de cosas vividas pero no sentidas, transmitidas de célula a célula, de un cuerpo a otro, de generación en generación hasta que hay conciencia, seguridad, espacio y una urgencia de sentirlas.

Las personas que son los valerosos recipientes para hacer este procesamiento, esta percepción, esta sanación —las que rompen el ciclo, las sanadoras del sistema— suelen ser incomprendidas. Se las considera débiles, volátiles e inestables en lugar de valientes, abiertas y sagradas. Estamos regresando a toda velocidad a la Tierra, a la Tierra, a la Tierra. Cuerpo. Materia. Madre. Instadas a frenar para ir a su ritmo. A regresar a los brazos de los demás. Conmovidas. Sobrecogidas. Humanas. Sanando en nombre de aquellos que no pueden hacerlo.

Estamos viviendo en un tiempo intermedio. Una época de renacimiento. De transfiguración. A veces nace un alma en un sistema para sanarlo. Sin embargo, para conseguirlo, debe ir a los lugares a los que no podían acudir aquellos que estaban cerrados y apartados. Colectivamente, estamos afrontando los daños que el colonialismo, el patriarcado y el capitalismo tóxico han grabado en nosotras, sobre todo en relación con lo femenino. Muchas nacen de madres que nacieron de madres que nacieron de madres que no eran respetadas, protegidas, apoyadas y veneradas. Ha llegado el momento de reparar la cadena. Y no es solo que lo femenino esté surgiendo. Lo que realmente deseamos es unión.

Envía sanación a tu linaje materno con el canto Desatada *(véase la página 15)*.

PREGUNTA DEL ALMA

¿Qué puntos fuertes heredaste de tu linaje materno?

¿De qué patrón o patrones quieres liberarte?

¿Cómo estás siendo llamada a enviar sanación a tu linaje materno y a dejar en libertad tanto a ti misma como a todas las madres?

Retrocedo
hasta la Madre Original,
y dejo en libertad a todas las madres
y a mí misma.

Sanar el linaje materno △

△
EL PODER DE LA IRA:
CREACIÓN O DESTRUCCIÓN

TENDEMOS A VER LA IRA Y LA RABIA como emociones que debemos controlar o reprimir. Y que expresarlas es poco conveniente o incluso malo. A los niños se les enseña que su ira es peligrosa y a las mujeres, que no es femenina. A las que tienen el valor de utilizarla se las acusa a menudo de ser locas o inestables, y esta amenaza les impide cultivar su poder en las llamas de su rabia sagrada. Detiene el flujo de la pasión y el impulso ardiente de que lo femenino proteja aquello que es sagrado (está claro que lo femenino existe dentro de todas las personas, con independencia de su género).

Nuestra ira y nuestra rabia son a menudo un reflejo de lo que consideramos importante. Pueden ser una señal de nuestros límites, o de la falta de ellos, y un semáforo que revela aquello que de verdad nos interesa, lo que anhelamos o aquello que deseamos proteger. También pueden albergar los códigos de nuestro verdadero propósito. De todas formas, debemos hacer el trabajo de escuchar a nuestra ira y a nuestra rabia y de ofrecerles un espacio seguro en el que puedan ser liberadas y expresadas.

Cuando reprimimos una emoción, siempre se produce una consecuencia; puede pudrirse en nuestro cuerpo y provocarnos una enfermedad, paralizarnos e impedirnos vivir apasionadamente o salir de una forma que resulte física, mental o emocionalmente dañina para los demás. Creo que, como todo y como todos, nuestra ira se suaviza cuando la percibimos. Soy consciente de que muchas veces no es algo directo en el momento en que estamos experimentándola, pero, como todo lo que está implicado en el proceso espiritual, hacer el trabajo de volvernos hacia nuestro interior y escuchar atentamente revela la sabiduría y los conocimientos que pueden cultivar un cambio positivo.

Cuando entendemos nuestra relación con nuestras emociones —sobre todo con las grandes como la ira y la rabia— y les permitimos expresarse de una forma segura, podemos ser unos seres más sanos que provoquen menos daño en el mundo.

A la hora de expresar la ira y la rabia, he comprobado que todo depende de liberarlas y transmutarlas de una forma segura, positiva, sana y que afirme la vida. Segura no significa necesariamente tranquila, pero sí consciente. Jamás olvidaré una ocasión en que mi marido se enfadó mucho por algo y lo expresó de una forma muy cruda. Llamé a mi amiga Binnie y se lo conté, esperando que estuviera de acuerdo conmigo en que su conducta era inaceptable. Sin embargo, su respuesta me sorprendió.

—Es estupendo que pueda expresarse tan libremente y de una forma tan segura —me dijo—. Mucha gente se lo guarda y luego sale de manera dañina o se transforma en aflicción profunda y tristeza. Sabes, creo que la ira es realmente toda nuestra pasión, toda nuestra energía vital contenida, porque lleva aparejada una idea negativa. Que casi siempre es me siento indefenso, desesperado o impotente para hacer algo al respecto... Sí, eso es la ira: PASIÓN.

Las palabras de Binnie cambiaron mi forma de entender esta fuerza que albergamos en nuestro interior. La ira es una emoción fuerte que puede ser profundamente sagrada. Transmite una información clara y puede utilizarse para crear cosas increíbles en el mundo. Si vivimos de manera consciente, nos invita a intentar entenderla y a aceptar la energía y a expresarla de manera consciente. Por ejemplo, si estás furiosa por algo que está sucediendo en el mundo o a ti, piensa en cómo puedes utilizar esta energía para crear en lugar de destruir.

La ira puede indicar que algo te apasiona, que se ha encendido un fuego en tu interior. Por tanto, ¿puedes dirigir esta energía de una forma sagrada? ¿Cómo puedes utilizarla para crear algo nuevo en lugar de perpetuar los daños? ¿Cómo puedes aprovechar el poder del fuego interior en lugar de quemarlo todo?

La ira reprimida puede también estancarse en el cuerpo en forma de aflicción. Yo lo experimenté personalmente hace muchos años cuando estaba en las primeras fases de la recuperación tras haber puesto fin a una relación prolongada a la que me había entregado a fondo. La ruptura había sido amistosa, pero me estaba costando seguir adelante. Me hizo falta averiguar que mi expareja tenía una nueva relación para liberar la ira no reprimida. Años y años de tragármela me habían dejado congelada y atascada, pero aquella noticia la invitó a salir.

Una amiga terapeuta me sugirió que encontrara una forma de expresar de una manera segura lo que estaba brotando en mi interior y juntas elaboramos un plan. Tras coger algunos tarros de vidrio de la nevera, me fui al jardincito de mi apartamento, extendí una sábana grande sobre el suelo, respiré hondo y, sacando toda la energía de mi interior, tiré los tarros contra la pared de piedra. Después de cada estallido, lancé un buen grito con la intención de liberar completamente la ira y seguí haciéndolo hasta que sentí que había terminado.

A continuación, hice una lista de reproducción de canciones de mucha energía y durante veintiún días hice una práctica de baile en la que en una canción me sacudía toda la tristeza o la ira del cuerpo y en otra las bailaba permitiendo a mi cuerpo moverse de la forma en que lo necesitara. Me sentí liberada, inspirada, libre y más viva de lo que me había sentido en una década. Poco después reuní el coraje para hacer mi primer taller, algo que llevaba muchos años con la intención de hacer pero que había evitado por miedo. Sacar la energía de mi cuerpo de una forma segura pareció mover la tristeza y el miedo que albergaba.

Ahora, más que nunca, tenemos que aceptar lo que *es* y alquimizarlo en lugar de sortearlo porque nos parezca poco espiritual o considerar que puede hacer que nosotras mismas o los demás nos sintamos incómodos. Si me preguntas, alquimizar la ira de una forma positiva y utilizarla para CREAR en lugar de reprimir o destruir negativamente es uno de los trabajos más sagrados que existen.

PREGUNTA DEL ALMA

¿Qué te hace sentirte enfadada o frustrada?

¿Qué están intentando decirte la ira o la frustración?
¿Qué quieren que sepas?

¿En qué sentidos te sientes indefensa, desesperada o impotente? ¿Se te ocurre alguna forma positiva de moverte y utilizar esta energía que está en tu cuerpo?

¿Cómo puedes transformar tu ira en pasión (pasar de aquello de lo que estás en contra a aquello de lo que estás a favor)?

△

LA ÉPOCA DE LA INTEGRACIÓN
Y LA SANACIÓN

ALGUNAS ALMAS nacen en lugares con personas que no pueden ver el alma que ha aterrizado y, en consecuencia, pueden anhelar un reconocimiento sagrado de su gran entrada en el lado de la Tierra que nunca llega. De todas formas, en la mayoría de los casos no es un acto consciente: ¿cómo puede alguien reconocer lo sagrado en otro cuando no lo reconoce en sí mismo?

Hace falta mucho para cambiar esto. De todas formas, esta falta de reconocimiento puede ser el combustible necesario para enviar el alma en una búsqueda que cubra este dolor. Al principio, puede suponer dirigirse al mundo y pedirle que nos vea. Y quizá se encuentre alguien que, al conocernos, nos vea. Sin embargo, al final se aprende que siempre se puede reconocer lo sagrado en uno mismo, y esto facilita a los demás reconocerlo también en ellos.

Cada vez más almas han elegido encarnarse en linajes y tierras diferentes. Este cambio sencillo ha estado alterando los patrones y despertando energía durmiente dentro de los sistemas familiares. Llegar a un linaje atrincherado en los viejos modos de ser no resulta sencillo ni fácil. Puede hacer que un alma se sienta incomprendida y desplazada. Sin embargo, si has venido, si estás leyendo esto, debes saber que es una de las cosas que consigue que hoy en día se pueda realizar tanta sanación y tanto cambio.

En épocas como esta, muchas cosas que habrían permanecido dormidas se están moviendo y empezando a cambiar. Las bases de la forma en la que eran las cosas están temblando bajo nuestros pies. Los antepasados antiguos quedan libres a través de tu liberación. Los antepasados futuros te están animando. Se abre un nuevo camino hacia adelante para la humanidad. Una nueva forma de realinearnos con el pulso puro y potente de la Vida. Estamos recordando los modos ancestrales de la Tierra y soñando una Tierra nueva para darle entrada. En este momento. Tú lo estás haciendo. Solo por vivir tu sueño despierto. La época de la integración y la sanación ha llegado.

PREGUNTA DEL ALMA

¿El reconocimiento de quién anhelas?

¿Cómo puedes dártelo a ti misma en este momento?

REGRESAR A NOSOTRAS MISMAS
Y A LOS DEMÁS

CUANTO MÁS COGES, más vacía te sientes. Cuanto más seccionada has sido, más programada estás para cortar. Cuanto más han invadido tu espacio, más probabilidades tienes de querer coger cosas para ti. Hace falta conciencia, valor, un corazón abierto y un alma sobria para tomar la decisión de romper la cadena de sufrimiento heredada.

Todos caminamos por el laberinto en busca del centro de un yo y una humanidad sanados. Y, cuando por fin llegamos a él, a ese centro, podemos elegir entre seguir los pasos de lo que ya se ha caminado antes de nosotras o de lo que nos han hecho, o permitir que el Espíritu de la Vida nos desenmarañe y nos desate. Ser las tejedoras de una humanidad sanada. Encontrar algún camino en el cual, en lugar de hacer lo que nos han hecho o se ha hecho antes de nosotras, elegimos parir este mundo de nuevo.

Las flores no se abren y se cierran según quién pasa a su lado: revelan su belleza al mundo sin titubear. Tú estás aquí para hacer lo mismo. Hay gente que, en el nivel del alma, eligen caminar a tu lado pero, para que te encuentren, primero debes permitirles verte. Revélate al mundo. Abre tu corazón y tu mente a la colaboración, y no a la competición.

Muchas de nosotras, sobre todo las que nos identificamos como mujeres, hemos aprendido a no confiar en las demás, como si estuviéramos compitiendo. No se supone que debamos recorrer esta vida solas. Vinimos aquí en oleadas. Ha llegado el momento de reunirnos. De recordar que no estamos en una competición, sino que tenemos llaves para las demás. Quizá esto tenga su origen en las sociedades medievales, una época en la que estábamos colocadas unas contra otras. Cuando nuestro poder se consideraba algo temible. O puede que empezara mucho antes de eso.

Lo femenino se ha levantado. Tiene más camino que recorrer, pero está aquí. Los días de desconfiar de las demás, de la ultradependencia, están llegando a su fin. Desengánchate de los sistemas y formas de ser que te colocan en competencia con las demás. Vinimos en equipos y formamos parte del mismo sueño vivo. Elige cocrear en lugar de conquistar.

ACTIVACIÓN PARA REGRESAR
A NOSOTRAS MISMAS Y A LAS DEMÁS

Libero cualquier vieja programación de competencia.
Me abro a relaciones y colaboraciones.
Puedo confiar y cocrear con seguridad.

$\triangle$

VINIMOS PARA ESTO

«La individuación comienza con el doloroso reconocimiento de que todas somos huérfanas. Y con el reconocimiento liberador de que el mundo al completo es nuestro orfanato».

MARION WOODMAN

ESTAMOS VIVIENDO UNA ÉPOCA de desmoronamiento. Todo lo que habíamos puesto en un pedestal se está cayendo, quizá para que podamos darnos cuenta de que *todos* somos sagrados. La torre está ardiendo y los muros que nos separan deben derrumbarse.

Son tiempos de reconstrucción, pero primero viene la caída. Todas las formas mediante las cuales tanto nosotras como la sociedad hemos puesto las estructuras, los sistemas, a las personas y a todos los demás seres vivos por encima o por debajo —como algo que poseer, enjaular, conquistar, controlar— están parándose. Es doloroso, y también necesario. Todas tenemos un papel que desempeñar mientras los planetas realizan su danza sagrada.

Algunas están aquí para romper: otras, para arreglar. Unas, para reimaginar; otras, para plantar y rezar. Algunas, para dar vida nueva; otras, para cuidar las heridas. Espero que encontremos una forma de volver a los demás, incluso si al principio es necesario separarse. Espero que encontremos un modo de ampliar nuestro corazón, sobre todo cuando estamos heridas y sensibles. Espero que encontremos una manera de sanar lo que nos parece desesperado y roto. Espero que encontremos el camino de vuelta a los demás. La verdadera sanación solo puede producirse cuando nos permitimos hacer todo eso.

Al reconocer la historia de la Tierra que tenemos bajo nuestros pies en épocas y conciencias distintas de las de hoy, podemos empezar a afrontar lo que ha sido cortado y abrir los caminos de la sanación. Con independencia de si lo hicimos nosotras, si nos lo hicieron o si fue muy anterior. Cuando lo reconocemos, empezamos a aclarar y reactivar nuestra conexión con ello. A sacudirnos la necesidad heredada de conquistar, coger, controlar y poseer en un intento de sentir que somos importantes cuando, en lo más profundo de nuestro ser, lo único que anhelamos es saber que formamos parte de algo.

Somos las nuevas guardianas de la Tierra. Las antepasadas futuras. Las custodias actuales. Las herederas de lo malo y de lo bueno. Espero que encontremos el valor para arreglar lo que se ha roto.

PREGUNTA DEL ALMA

¿Qué cosa difícil se te está pidiendo que admitas o afrontes?

△

DEJA QUE TU ALMA SE AGITE

SE TE ESTÁ INSTANDO A CAMBIAR tu forma de ver el mundo y las dinámicas de los sistemas y constelaciones en los que te encuentras. Necesitamos luces en todas las partes de la sociedad. No salgas corriendo del lugar que ocupas; yérguete y emana. Es difícil ser la luz en épocas oscuras como esta, pero nunca antes ha habido más personas despiertas y con una misión. Viniste sabiendo lo que debías hacer. Llevas tu impronta sembrada en tu interior.

Cada noche que te duermes y luego te despiertas estás recordando más cosas del sueño de tu alma. Eres el sueño despierto que tu alma vino para vivir. Tu cuerpo, el lugar donde te encarnaste y tus antepasados son vehículos para la frecuencia única que tu alma vino a encarnar. No importa cómo lo expreses, sino solo que lo hagas.

Tu presencia en este planeta, en esta época, no es una casualidad. Tu alma no solo eligió estar aquí, sino que también lo soñó.

Tu mente no podría jamás calcular los intrincados detalles del plan de tu alma. Por eso es tan importante que hagas lo que puedas para cuidar la relación que tienes con la persona sabia interior. Tu alma lleva consigo el mapa de la vida que vino a vivir. Está disponible para guiarte en todo momento. Lo único que tienes que hacer es pasar tiempo con ella. Esto no es algo que se haga de una vez por todas. Es una danza eterna.

Un día, muy pronto, el mundo verá lo que tú puedes sentir y percibir en este momento. Sé que es difícil vivir un sueño despierto en un mundo en el que muchísimas personas siguen estando dormidas, pero a medida que vayan siendo más las que se despierten

—y lo están haciendo, y seguirán haciéndolo—, el sueño se irá volviendo cada vez más real. Y el que estés viviendo tu sueño despierto hará que otros se agiten y despierten. Viniste como una soñadora visionaria y consciente, una semilla para el jardín futuro de la Tierra. Tu presencia tiene poder para activar, despertar y bendecir.

Piensa menos en si vas a hacerlo bien o mal y más en encarnar, vivir el sueño de tu alma y emanar. Eres un hilo bendito del tapiz de una nueva humanidad. No todo el mundo ve lo que tú ves, y por eso mantener tu visión es en sí mismo visionario. No todo el mundo está despierto para el sueño de su alma. Haz todo lo que puedas para sacudirte tus miedos, tu necesidad de encajar y de hacer las cosas bien. Tu camino es distinto de todos los demás, y por eso tu orientación debe venir de dentro. El hecho de que estés aquí es importante. Sobre todo, ahora.

PREGUNTA DEL ALMA

¿Cuál es el sueño secreto de tu alma?

El sueño despierto

Llegará un momento en que los misterios
de hoy se aclaren y entiendan.

Cuando los muchos hilos sean
tejidos en un tapiz completo y
podamos ver más allá de este único hilo.

Cuando nos despertemos de nuestro sueño y
comprobemos que somos el universo ordenado,
que vivimos en un sueño despierto.

△

EL ACELERAMIENTO

Un mensaje de las Abuelas Ancestrales de la Tierra: Somos las guardianas de la humanidad y la conexión con la Tierra antigua. Estamos aquí para ayudarte a sanar tus linajes hasta atrás del todo y hasta delante del todo. Tú sostienes el hilo de tu sanación y nosotras te hablamos a través de estos hilos. Sabemos que es difícil tener una mayor perspectiva de este proceso de sanación; que, cuando estás metida en él, te puede costar ver el conjunto. Sin embargo, debes saber que estamos a tu lado y a tu alrededor, cantándote eternamente.

Estás desempeñando un papel fundamental en la sanación de la humanidad. Todas las personas de este planeta lo están haciendo. Esta es una época de gran integración, limpieza e impulso. Este proceso de sanación se ha estado construyendo desde mucho antes del inicio de tu vida. Sin embargo, las cosas se están acelerando. Lo denominamos el aceleramiento. Todo lo que haces ahora produce una profunda reacción en cadena en el mundo de la humanidad. Todo lo que haces se sentirá muy lejos, aunque tú no puedas ver los resultados directos en el transcurso de tu vida.

Hay energías en juego que intentarán distraerte y confundirte. Es el momento de que te ancles más profundamente en el corazón. En él, ninguna fuerza energética externa puede encontrarte. En él, nos escucharás con más claridad.

Tu congruencia y tu presencia pueden sanar de unas formas que quizá todavía no has visto. A medida que cada persona va encontrando la resonancia de su alma, la sanación de la humanidad se va volviendo más posible. Cada una de vosotras sois una célula del organismo de la humanidad. A medida que cada célula se activa, hace que otras se sintonicen y activen también. Para alinearse con la fuerza vital que albergan todos los seres vivos en su punto máximo. Esto es lo que significa armonizarse.

El trauma que está surgiendo no es solo tuyo. Es tanto ancestral como colectivo. Hay personas que han venido para procesar en nombre de sus antepasados. Otras, para el colectivo. Muchas están haciendo ambas cosas. Elegir este camino es un acto de valentía del alma. Si ha sido una parte de la tuya, debes saber que, si tu alma lo eligió, puedes sobrevivir a ello. Y, cuando lo hagas, no solo sobrevivirás, sino que florecerás.

En este momento, todo puede resultar difícil y confuso. Permanece conectada a la luz y con los miembros positivos de tu linaje, los que nunca olvidaron. Invócalos a ellos y a otros para que te apoyen. Es probable que necesites un sistema de apoyo polifacético porque lo que estás procesando y limpiando también lo es. Tiene muchísimas capas. Invoca todo esto de los mundos tanto visibles como invisibles que tienes a tu alrededor.

Puedes sobrevivir a esto y algún día, muy pronto, estarás prosperando. Esta es nuestra visión para ti. Y para toda la Tierra. Cuanto más profundices, más podrán sostener a otros. Este es, para ti, el amanecer de una nueva forma. Es el amanecer de una nueva forma para tu linaje. Y para la humanidad. Confía en el hilo sanador que estás sosteniendo.

Olvido, recuerdo, olvido, vuelvo a recordar

A veces hay momentos en los que
me cuestiono por qué estoy aquí en estos tiempos.
Quizá cometí un gran error y elegí
el cuerpo equivocado, el planeta equivocado,
el momento equivocado.

El tira y afloja de la polaridad.
La inanición de lo sagrado en nuestra cultura.
La división y el trauma ancestral que
me parecen demasiado para procesar.
La dificultad de la individuación.
El éxtasis lacerante de la vida en este
planeta glorioso y místico.

La belleza complicada y trágica de ser humana.
Alma encarnada. Espíritu plantado.
Luz sembrada y convertida en materia.

La forma siempre cambiante de las cosas mientras
nos abrimos camino a través del espacio y el tiempo
vestidas con células, estrellas, piel y carne.
Pero entonces las flores se abren.

Y los pájaros cantan.
Los árboles se alzan.
La tierra lidera.
Las piedras hablan.

Y una compañera de viaje me reconoce
en el momento en que nos conocemos.
Y una y otra vez, una y otra vez
olvido y vuelvo a recordar quién soy y por qué elegí venir.

Recuerdo que soy la flor.
Soy el árbol. Soy la tierra.
Soy el pájaro. Soy las piedras. Soy el océano.
Soy el otro.
Reconocer esto nos da libertad a ambos.

Y una y otra vez, una y otra vez
recuerdo, olvido y luego
vuelvo a recordar quién soy y
por qué elegí venir.

Tercera parte

EL CAMINO
de la
MÍSTICA

*Reconectarse con el Espíritu de la Vida
y seguir tu camino sagrado*

El libro de la naturaleza

Si lees solo un libro en esta
vida, que sea el de la naturaleza.
Los secretos de todo el universo
te están esperando allí.

En primavera, verano, otoño e invierno.
En el nacimiento, la muerte, el amanecer y el ocaso.
En las plantas, los árboles,
los animales y las flores.
En las aguas, el fuego,
el viento y las estrellas.

Y, como tú eres naturaleza,
también están esperando en tu interior.

△

EL REGRESO DE LA MÍSTICA

«El ojo a través del cual veo a Dios es el mismo a través del cual Él me ve a mí; mi ojo y el de Dios son uno solo, una visión, un conocimiento, un amor».

MEISTER ECKHART

A LO LARGO DE MI VIDA he tenido experiencias místicas inexplicables en las que tuve la sensación de que lo sagrado me estaba enseñando directamente y guiándome a través de mi intuición. Y cuando estaba en la naturaleza era cuando percibía con más fuerza esta conexión con lo sagrado. Si me sentía desconectada de mi corazón y de mi alma o si había algo para lo que deseara recibir orientación, me iba al campo para descubrir la respuesta que estaba buscando.

En el pasado, aunque me sentía fascinada por Dios, siempre que intentaba seguir un camino que colocara lo divino por encima o separado de mí, como un ser externo ante el que me tenía que inclinar, las puertas no se abrían. Ahora, tres décadas después de mi primer despertar espiritual siendo adolescente, he visto que mi viaje me ha estado siempre guiando para ver lo sagrado que ya está aquí, rodeándonos por todas partes: en las plantas, en los árboles, en las flores, en el agua, en el sol, en las estrellas y en el cielo.

Siempre me he sentido atraída por la naturaleza como puerta para conectarme con lo que ahora denomino el mundo invisible. Desde pequeña canalizaba directamente lo que recibía de ella a través de mis creaciones. Cuando tenía veintipocos años y vivía en Sídney (Australia), me sentaba junto al mar y, mientras las olas iban y venían, recibía de una forma sutil una respuesta a la pregunta que más me acuciaba en ese momento. Años más tarde, en los exquisitos parques de Londres, mientras admiraba las hermosas flores de primavera que reventaban los capullos, recibía inspiración, estímulo y unas ideas creativas plenamente formadas que habría tardado horas en pensar si hubiera estado ante mi mesa.

Sin embargo, no se me enseñó esta práctica de conectarme con la naturaleza con mi sabiduría interior. Lo aprendí de manera natural, casi como si lo recordara, y eso se debe a que proviene de un lugar innato. Estoy profundamente convencida de que cada una de nosotras posee la habilidad natural para conectarse con el Espíritu Invisible de la Naturaleza para recibir orientación, apoyo y conexión y de que todas podemos acceder al mundo invisible con solo abrir nuestro corazón y nuestra mente.

Este es el camino de la mística: ir directamente a lo sagrado para encarnar lo invisible. Creo que todas hemos experimentado la conexión con este mundo espiritual invisible de la naturaleza y que, más veces de las que podemos recordar, hemos tenido una sensación de unicidad con la Vida por estar en el campo.

La sociedad nos dice que debemos buscar orientación y respuestas fuera de nosotras y a diario se nos bombardea con mensajes y ruidos exteriores. Nos hemos desconectado tanto del pulso sabio e inteligente de la Tierra, del mundo natural y de las sagradas enseñanzas basadas en la Tierra de nuestros antepasados que hemos olvidado cómo hacer esta cosa tan increíblemente natural. En consecuencia, la mayoría de nosotras hemos aprendido a no ver el pulso sagrado de la Vida que nos rodea por todas partes, por debajo, por encima y dentro de nosotras.

La humanidad está en una fase interesante en la que parece que todas las religiones o linajes espirituales tienen un gurú que ha caído en desgracia y donde todos los caminos espirituales han quedado manchados por algún tipo de delito. Esto es algo muy habitual cuando colocamos a la gente en pedestales divinos. Me pregunto si estamos derribando correctamente las estructuras y sistemas que nos impiden ver lo sagrado como algo innato y disponible para que todas podamos conectarnos con ello. Desde hace mucho tiempo se lo ha colocado como algo externo a nosotros y especial, en lugar de interior y natural. Sin embargo, está dentro de todos los seres vivos, en la naturaleza y también en ti. Si volvemos la mirada hacia abajo, a nuestro alrededor y hacia nuestro interior, y honramos lo sagrado como la Vida misma, nos cambiará muchísimo tanto de manera individual como colectiva y como planeta.

Se nos está llamando a abrir los sentidos, el corazón y la mente a los secretos del cosmos y a la magia que puede encontrarse en la naturaleza si abrimos nuestro corazón para verla. Tanto física como espiritualmente.

Para ver lo sagrado que ya está aquí y conectarnos con la sabiduría que siempre nos ha estado esperando dentro de nosotras. Y para reconectarnos con la naturaleza como maestra y guía. Cuando lo haces, compruebas que jamás estás sola en este planeta interconectado que gira en el universo ordenado con tanta precisión, misterio y elegancia.

Soy una mística. Mi camino es y siempre ha sido uno de experiencia directa de lo sagrado y de ser guiada por la sabiduría interior. Ha habido muchos momentos en los que me habría gustado que fuera más lineal y menos físico; como la mayoría de nosotras, me habría encantado tener un manual de instrucciones. Sin embargo, da la impresión de que el camino de mi alma consiste en ir directamente a lo sagrado y recordar a los demás que también pueden hacerlo.

Creo que somos seres intuitivos y místicos y que ya llegamos así. Que la mayoría de nosotras se aparta en algún momento de esta verdadera naturaleza y deja de vivir en consonancia con la inteligencia sagrada de nuestra alma. Creo que nuestra alma eligió estar aquí, en este cuerpo, en este planeta, en esta época, en este linaje, y que nuestro propósito es mantenernos conectadas con ella e invitarla a encarnarse más plenamente mientras estamos aquí.

Creo que el mejor libro que podrás leer jamás es el de la naturaleza. Te está esperando para que lo explores en cada pétalo, cada hoja y cada río. Creo que todos los secretos del universo pueden encontrarse en esta escuela de misterio. Espero que despertemos a ello antes de que sea demasiado tarde.

Así como la oruga dispone de células imaginales que saben cómo transformarse, creo que la naturaleza en su conjunto cuenta también con ellas. Se habla mucho de crear una Tierra nueva; sin embargo, no creo que sea nuestro planeta el que necesita renacer, sino la humanidad. Y la «Tierra Nueva» es en realidad más antigua que nosotras. Quizá tú formes parte del equipo de almas que vino para despertar a la humanidad a esta transformación y a este cambio de conciencia.

Mientras confiamos en las células imaginales de nuestra propia transformación para que nos hagan renacer de nuevo, despertar de nuestro sueño, espero que todas desempeñemos nuestro papel a la hora de volver a tejer juntas los hilos sagrados del cielo y de la Tierra. Que lo Femenino Sagrado y lo Masculino Sagrado se equilibren. Que regresemos a los brazos de la Diosa. Que nuestro corazón místico se despierte cada vez más con cada nuevo día. Que dejemos de resistirnos al cambio y frenemos para adquirir el ritmo de la Tierra, de manera que podamos recordar que, antes de que viniéramos, nuestra alma tuvo un sueño y que nuestra vida, esta vida, es ese sueño.

DESPIERTA TU CORAZÓN MÍSTICO

ESTA VIDA NO ES MÁS que un suspiro en el viaje espiritual del alma. De algún modo, esta consiguió estar aquí, en este cuerpo, en este planeta y en esta época. Y menuda época elegiste para venir. El camino de la mística es el camino del corazón. Un corazón abierto permite la entrada de más amor y, con él, también de más desengaños.

La mística está dedicada a permitir que la Vida la ablande y la abra. Porque anhela experimentar los altibajos, el verano y el invierno, la primavera y el otoño. Es como si recordara que vino aquí para vivir plenamente *todo*, para sentirlo todo, para ser testigo de todo, para amarlo todo. A través de todos los extremos.

Conducida por la inteligencia del invierno, del otoño y de las noches oscuras, la mística depone lo que creía ser para así poder vivir de verdad. Renace una y otra vez y, cuanto mayor se hace, más infantil se vuelve, porque se esfuerza por contemplar este planeta con el sobrecogimiento y el asombro de una niña, lo que significa conectarse con el Espíritu de la Vida en lugar de permitir que la vida le endurezca el corazón. La luz que observas en los ojos de una persona te permite comprobar lo conectada que está con el Espíritu de la Vida.

La obsesión de nuestra sociedad por el culto a la juventud es un verdadero fiasco. Al aferrarnos a lo físico nos apartamos del Espíritu de Vida místico. Y aquí es donde reside la auténtica juventud. Donde está la verdadera fuerza vital. Y no tiene nada que ver con el tiempo ni con la edad, porque la mística se conecta con la naturaleza y esta está constantemente naciendo de nuevo. No se resiste al deterioro del otoño ni a la muerte del invierno. Resucita cada año, y también nosotras podemos hacer lo mismo. Quizá sea nuestra fijación en la juventud, la primavera y el verano lo que nos está impidiendo vivir de verdad.

Cuando la mística vive un desengaño o una pena, hace todo lo que está en su mano para no sortearlos ni permitir que la endurezcan. Se esfuerza al máximo para no cerrar su corazón al mundo ni separarse. Intenta encontrar formas de acoger y ensanchar. Ve la Vida como la maestra y su experiencia de ella como el plan didáctico, y va tomando notas. Sabemos que el corazón es inteligente y que está conectado con el pulso sagrado de la Vida. Que, si lo cerramos para evitar el dolor, también nos cerramos a la Vida. Nos desconectamos y nos separamos, poquito a poco, del Espíritu de la Vida y, con ello, nuestra fuerza vital disminuye.

Las místicas están abiertas a explorar las mayores cuestiones de la vida y a permitir que la vida les revele su sabiduría. Saben que lo sagrado no está fuera de su alcance, sino que es algo que pueden experimentar directamente en sí mismas.

Existen místicas en todos los caminos de fe y también fuera de ellos. Están hambrientas de intimar con lo divino, de fundirse con ello, de encarnarlo y de permitir que guíe su vida. El fraile franciscano y escritor estadounidense Richard Rohr dice que el término místico significa aquel que ha pasado de los meros sistemas de creencias o de pertenecer a ellos a una verdadera experiencia interior. Este es el camino del místico, ir a su interior, dejarse guiar por el corazón intuitivo, potente, inteligente y místico. Comulgar directamente con el Espíritu de la Vida.

Las místicas pueden leer libros pero, en último término, son aventureras sagradas que se interesan más por cultivar la visión interior que por obtener un mero intelecto lineal. No están solo abiertas a aprender cosas nuevas, sino también a «desaprender» y a dejar de aferrarse a lo que creían saber con seguridad.

Saben que no son independientes de la Vida y que el Espíritu de la Vida está siempre disponible para guiarlas. Se dejan conducir por la sabiduría que está siempre susurrándoles por dentro y, aunque pueden elegir rezar en un templo físico concreto, no lo necesitan para conectarse con lo sagrado, porque este está en todas partes y dentro de todo. El camino de la mística es vivir con el corazón y la mente abiertas. Ser curiosa y sorprenderse. Busca estados de sobrecogimiento y asombro y ve cada nuevo día y cada nueva cosa como un misterio fascinante y no como una certeza. Es como si recordara que está aquí para la gran aventura de la vida sobre la Tierra y explora y experimenta cada paso del camino.

No tiene ideas fijas; se revuelve contra la rigidez y contra los sistemas que no permiten que su corazón permanezca abierto y que su verdadera naturaleza se exprese. No se ha olvidado de jugar, preguntar y crear. Y, aunque la creatividad puede ser parte de su vocación, el tipo que le produce más alegría es aquella que no está apegada al resultado.

Las místicas están en todas las partes de la sociedad y algunas son esos seres valientes que desafían el *statu quo*. Son las que rompen las normas, las rebeldes, las sabias y las que reparan. Llevan la luz de la humanidad y son las artistas, las cantantes, las poetas, las bailarinas. Son las soñadoras, las amantes, las perturbadoras del sistema, las que rompen el ciclo, las activistas. Las visionarias, las sanadoras, las videntes y las amantes de la naturaleza.

PREGUNTA DEL ALMA

¿Qué quiere tu corazón místico que sepas hoy?

Cuando besó la Tierra,
su cabeza se quedó más baja que su corazón
y se conectó con el templo que albergaba en su interior.

El templo interior △

△

PUEDES IR DIRECTAMENTE

«No veneras la puerta. Entras en el templo interior».

RAM DASS

LA MÍSTICA ANHELA TENER una experiencia directa de lo sagrado y sabe que puede hacerlo en cualquier momento del día, simplemente contemplando una flor o sentándose junto a un árbol. Considera la vida como una escuela de misterio para el alma. Y, aunque puede descubrir maestros y libros que la guíen en su viaje, sabe que no los necesita para alcanzar lo sagrado porque en cualquier momento que lo desee puede ir directamente a ello.

En el tiempo de vida del alma, esta vida no es sino un momento y el proceso de despertar no termina jamás. Es un viaje, no un destino al que deban llegar las almas. En nuestro camino de despertar nos esforzamos a menudo por llegar a un lugar. Por alcanzar un nuevo nivel o un estado más iluminado. Como si hubiera algo que tuviéramos que saber o averiguar, aprender o recordar, una frecuencia a la que llegaríamos si hiciéramos una práctica concreta durante un tiempo suficiente, nos sentáramos a los pies del maestro adecuado o confiáramos en una herramienta espiritual externa que nos revelara nuestro destino. Como si nuestro estado natural de ser no fuera suficiente ni sagrado.

¿Y qué sucedería si no hubiera un lugar al que llegar? ¿Si lo sagrado hubiera estado siempre esperándonos aquí? Por encima de nosotras, por debajo, a nuestro alrededor y en nuestro interior. ¿Y si Dios fuera realmente el Espíritu Invisible de la Vida?

¿Y si nos diéramos cuenta de que, en todo este tiempo, el templo no ha tenido puertas porque siempre ha estado dentro de nosotras?

¿Y si lo sagrado estuviera también codificado en nuestro cuerpo? Desde nuestros huesos a nuestras mitocondrias (las plantas energéticas de nuestras células), desde los armónicos exclusivos de nuestra voz hasta la presencia de nuestra alma, que pudimos sentir en el momento en que llegó a la Tierra, desde las pecas de la cara hasta los rizos del pelo. Quizá este sea el objetivo de las noches más oscuras: apagarlo todo para que no nos quede más remedio que escarbar y encontrar lo sagrado en todos los seres vivos. Así en la Tierra como en el cielo.

**Viniste sagrada, y sigues siendo sagrada.
Todo lo es, porque alberga en su interior
el Espíritu de la Vida. En algún momento
del camino, la humanidad lo olvidó.**

Dejamos de ver lo sagrado en nosotras, en los demás, en la naturaleza y a nuestro alrededor. Para muchas de nosotras, cuando llegamos a la Tierra, las personas que nos acogieron habían olvidado la forma de percibirlo, porque lo mismo les había sucedido a los que las acogieron a *ellas*. Sin embargo, lo sagrado estaba dentro de ti entonces y también lo está ahora.

LA SEPARACIÓN

Esta época en la que vivimos es muy interesante. Se ha hecho muchísimo daño a las enseñanzas de sabiduría indígenas de numerosas culturas basadas en la Tierra y, en consecuencia, nos hemos olvidado de ver lo sagrado en los ríos y en los árboles, en las flores y en las abejas, en la entrada y salida de las estaciones, en la salida y la puesta del sol, en la inhalación y exhalación de nuestra respiración desde que nacemos hasta que morimos.

Muchísimas de nosotras podemos percibir el dolor provocado por nuestra separación de las enseñanzas de sabiduría basadas en la

Tierra de nuestros antepasados, que veneraban profundamente lo sagrado arriba y abajo, alrededor y en el interior, que se sentaban en círculo alrededor de un fuego, que se sentían sobrecogidos por la asombrosa extensión del cielo nocturno estrellado. Para ellos, las puertas del nacimiento y de la muerte eran sagradas, porque el Espíritu de la Vida era venerado e intacto.

Creo que existe una pena inconsciente, un dolor, un anhelo profundo, de ser sostenidos por algo, algo sagrado, mientras estamos aquí en la Tierra.

Podemos externalizar este dolor aferrándonos a relaciones o sustancias externas a nosotras, pero tengo la sensación de que corre por lo más profundo de nuestro ser. Proviene de la separación que sentimos no solo con los demás, sino también con el propio Espíritu sagrado de la Vida.

Lo sagrado ha estado escondido durante demasiado tiempo y lo Femenino Divino se ha desvanecido bajo tierra y, en este tiempo, hemos provocado un daño enorme a este planeta. Ahora creo que muchos de nuestros corazones se están rompiendo y despertando para verlo. Quizá incluido el tuyo. Sin embargo, si somos suficientes los que lo vemos, si nos dedicamos a honrarlo, quizá este organismo universal del cual todos formamos parte se reorganice y se recuerde y se vuelva a experimentar a sí mismo como lo que es: un milagro sagrado que se experimenta a sí mismo en el plano físico.

Se han producido tantas persecuciones en nombre de lo sagrado que permanecer conectada con él y percibirlo como algo normal se ha vuelto poco menos que imposible. O doloroso. O arriesgado. Está envuelto en tanto miedo, vergüenza, confusión, malentendidos y falsas verdades que resulta difícil encontrar el camino de vuelta a él. Pero lo conseguiremos. El hecho de que estés aquí conmigo, leyendo esto, es la evidencia de que está sucediendo.

Una a una estamos buscando una experiencia directa de lo sagrado y comprendiendo que tenemos derecho a ir directamente a él. Una por una estamos regresando a la escuela de misterio de la naturaleza y eligiendo ver lo sagrado que ya está aquí. Así en la Tierra como en el cielo. ¿Oyes cómo te cantan tus antepasados?

Y aunque es importante reconocer la separación de la Tierra y el daño que se ha provocado, sobre todo en nombre de lo sagrado, también es crucial que encontremos el camino de vuelta a él de una forma íntima y duradera. Cuando desarrollas una relación directa con él, nadie puede arrebatártela; es una conexión tan innata que la tienes para toda la vida.

Cuando tenía veintipocos años, empecé a ver los documentales que se estaban haciendo sobre el estado del planeta y percibí la afirmación de que, de manera colectiva, parecíamos estar despertando. Jamás olvidaré la voz poderosa y conocida a la que escuché decir: «Está sucediendo. Por eso hemos venido aquí, en esta época. Todavía tenemos tiempo de darle la vuelta, de despertar y crear este cambio tan necesario». Es posible que tú seas una de las portadoras de antorcha que están aquí para despertar y activar este cambio tan necesario. Tu presencia y tu acción pueden conseguirlo. Cuida tu conexión con el Espíritu de la Vida que albergas en tu interior y déjate conducir.

PREGUNTA DEL ALMA

*¿Qué te dijeron, si es que te dijeron algo, acerca de Dios/
Diosa/Espíritu/lo sagrado cuando estabas creciendo?*

¿En qué crees ahora?

Nunca fuiste expulsada del paraíso

¿Qué pasaría si nos diéramos cuenta
de que los árboles hablan de lo sagrado?
Que las flores hablan de lo sagrado.
Que las aguas hablan de lo sagrado.
Que los animales hablan de lo sagrado.
Que las estrellas hablan de lo sagrado.
Que toda la naturaleza y toda la Vida hablan de lo sagrado.
Y que, como tú eres parte de la Vida,
también hablas de lo sagrado.

△
VER LO SAGRADO QUE YA ESTÁ AQUÍ

La CIVILIZACIÓN OCCIDENTAL nos ha adoctrinado para que consideremos «lo exótico» como algo superior y lo que resulta difícil de encontrar como valioso, pero si miramos atentamente a nuestro entorno más inmediato, podremos descubrir que aquello que estamos buscando, aquello de lo que tenemos hambre, ha estado ahí, esperándonos, durante todo este tiempo. No tenemos más que abrir los ojos para ver que lo sagrado ya está aquí.

Cuando empecé mi formación como herborista, mi mente dio un vuelco completo cuando observé mi propia relación con la naturaleza, con la tierra y con las plantas que consumía. Una de las hierbas con las que trabajaba a menudo era la ortiga, una planta potente y nutritiva. Al principio compraba hojas por Internet y no sabía de dónde procedía ni el aspecto que tenía la planta. Un poco más adelante encontré una herboristería local, Starchild, y un mes más tarde, aproximadamente, empecé a ver ortigas creciendo en un camino mientras daba mi paseo matutino.

¡Jamás olvidaré la mañana en la que abrí la puerta de mi casa y las vi creciendo en una grieta entre las piedras de mi camino de entrada! Fue un momento extremadamente aleccionador, porque me di cuenta de que la naturaleza ya me estaba proveyendo, pero yo no tenía ojos para verlo.

Tuve la misma experiencia cuando me diagnosticaron prolapso pélvico después del nacimiento de mi hija. Organicé un régimen curativo que incluía beber infusiones de una planta conocida comúnmente como pie de león y darme baños con ella. Nunca había trabajado con ella hasta entonces. Compré un poco en Starchild y empecé a tomarme las infusiones a diario. Además, busqué fotografías de ella y empecé a conectarme con su espíritu mientras bebía.

Entonces, un día, mientras caminaba por nuestro jardín con mi hijo, vi que estaba brotando una planta nueva y reconocí la hojita diminuta del pie de león. ¡Lloré de alegría al ver que la naturaleza me había ofrecido la planta que mi cuerpo más veneraba y necesitaba! A lo mejor siempre había estado ahí, pero, al igual que con la ortiga, yo no tenía ojos para verla. ¡O quizá, cuando me conecté con su espíritu y, por tanto, con el Espíritu de la Vida, la naturaleza hizo lo que mejor sabe hacer y me proveyó!

Todas tenemos unas enseñanzas de sabiduría basadas en la Tierra en nuestro linaje, la mayor parte de las cuales han sido robadas, silenciadas o cortadas por el colonialismo, el patriarcado y el tiempo. Yo siempre he sentido ansia por las del mío y creo que eso fue lo que me llevó a viajar a las tierras de mis antepasados siendo muy joven. Sin embargo, hasta que empecé a estudiar herborismo y a trabajar con las plantas que tenía bajo mis pies, no experimenté un auténtico recuerdo y una liberación de este linaje perdido y una profundización en la auténtica sanación ancestral.

Fue como si, al trabajar con las mismas plantas que tenían mis ancestros, pudiera llegar a ellos y reparar en mis células lo que había sido cortado. Sentí como si cada meditación con infusiones, cada vez que escribía con las flores y los árboles, cada vez que rezaba con el agua o colocaba las manos sobre las piedras, pudiera escuchar sus susurros más y más. Como si, cada vez que aprendía a identificar y cosechar una planta, que me inclinaba para rebuscar y hacer los mismos movimientos repetitivos que habían hecho mis antepasados, eso abriera el campo de conexión con la sabiduría perdida de mi linaje y que estaba prohibido transmitir.

PREGUNTA DEL ALMA

La Naturaleza y el Espíritu de la Vida están siempre
disponibles para abrirse a nosotras y a través de nosotras.
Mira a tu alrededor en este momento. ¿Puedes ver lo sagrado
que ya está aquí, debajo de ti, a tu alrededor y en tu interior?

¿Qué mensaje te transmite?

¿Es necesario que caigan todas las iglesias y templos,
todos los gurús y deidades,
para que recordemos que en todo este tiempo
lo sagrado ha estado siempre
dentro de todos los seres vivos?

Volverse dorada ∆

△

COMPARTIMENTACIÓN DEL ESPÍRITU
Y LA MATERIA

ESPERO QUE LLEGUE UN DÍA en que palabras como «místico», «sagrado» y «lo divino» se queden obsoletas. En que ya no se necesiten porque lo sagrado, lo invisible, lo místico se siente y conoce de manera intrínseca. En que el cielo y la Tierra vuelvan a estar entretejidos. En que lo sagrado se vea como una parte normal de la vida. Al mismo tiempo extraordinario y ordinario.

Porque lo sagrado está dentro de todas las cosas, de todos los momentos, de todos los seres. Está en cada respiración, cada nacimiento, cada amanecer y cada ocaso. En cada flor que se abre, en cada árbol que crece, en cada río que fluye, en cada noche y en cada día, en cada te quiero y, también, en cada desengaño.

Cuando era pequeña, anhelaba algo pero no era capaz de expresarlo con palabras. De niña le decía a veces a mi madre que había venido aquí por un motivo, pero que no podía recordar con exactitud por qué o cómo lo sabía. Al igual que muchísimos de nosotros, quizá tú también, sentía un anhelo del alma profundo y ancestral, enterrado en las cavidades de mi corazón y en la médula de mis huesos, de una forma de vida que de manera innata conocía pero todavía no había encontrado. No estoy segura de si es algo que llegué recordando o algo que me estaba llamando.

Necesité cuatro décadas de vivir y buscar para descubrir que lo que yo añoraba era existir en un mundo en el que lo sagrado fuera una parte normal de la vida. En el que nos diéramos cuenta de que no nos expulsaron del paraíso y de que lo sagrado estaba y está ya aquí.

El término teantrópico, derivado de las palabras griegas que significan «dios-hombre», describe el estado de ser plenamente humano y plenamente divino al mismo tiempo. Dos partes igual de significativas. No separadas. Juntas. Un conjunto. Uno. Y, cuando reflexiono sobre mi viaje espiritual, me doy cuenta de que, aunque los procesos de despertar que experimenté abrieron nuevas capacidades y mi conciencia se expandió, lo sagrado y lo físico permanecieron compartimentados. La mente, el cuerpo y el alma no eran uno. Lo sagrado no estaba entretejido en mi vida cotidiana.

Ahora, como tú, estoy viviendo unos tiempos en los que sufrimos una inanición de lo sagrado. Ha sido retirado de nuestra cultura y nuestra sociedad y creo que este es uno de los problemas que sufre el mundo en estos momentos. Es también el motivo de que el simple acto de ver lo sagrado que ya está aquí (por encima de nosotros, por debajo, a nuestro alrededor, en nuestro interior) sea revolucionario. Creo que esforzarse por cuidar el Espíritu de la Vida y el espíritu que albergan las personas tiene el poder de cambiar el mundo.

RETEJER EL HILO SAGRADO

Cuando tuve mi primer despertar, siendo adolescente, sentí que se había abierto un mundo completamente nuevo, y fue increíble. Sin embargo, era como si me hubiera desconectado de aquel en el que me encontraba. Cuando echo la vista atrás a mis primeros años como canal y sanadora, cuando estaba comprometida a vivir en concordancia con mi alma, siguiendo mi intuición y viviendo de verdad una vida espiritual, me doy cuenta de lo desarticulados que eran. Hasta que no empecé a trabajar conscientemente con plantas estudiando herborismo y fui madre, no comprendí hasta qué punto lo estaban.

En los primeros meses de la pandemia de Covid-19, estaba dando uno de mis paseos cotidianos por el campo por la parte inferior de Glastonbury Tor (la colina sagrada que se yergue sobre el pueblo), cuando me paré de golpe mientras cruzaba un campo sembrado de ranúnculos. Había comprendido. Como nueva mamá privada de sueño, me sentía dividida entre ese nuevo papel y mi misión del alma, es decir, mi profesión. Hasta ese momento, había elegido una vida de servicio y contemplación profunda. Mi práctica espiritual diaria no era negociable y me había alimentado y servido a la perfección. Sin embargo, ahora era incapaz de dedicarle tanto tiempo ni hacerla como la hacía antes de tener a mi bebé.

Caminando entre las flores silvestres con Sunny arropado sobre mi pecho, vi cómo, incluso después de tantos años recorriendo un camino espiritual, seguía existiendo una separación entre mi práctica espiritual y mi vida cotidiana. Comprendí también cómo para tantos de nosotros nuestra práctica espiritual está vacía de naturaleza como puerta a lo sagrado y que, en lugar de trabajar con lo que nos rodea, nuestras ceremonias son muy particulares: sentimos que, para que estén «bien», tenemos que comprar la cosa en la tienda o pedirla de alguna tierra lejana. En aquel prado, aquel día, vi lo desconectados que hemos llegado a estar del Espíritu sagrado de la Vida.

Escuchaba sin cesar unas frases: «Vuelve a entretejer lo sagrado. Entretéjelo en la vida cotidiana». Supuse que eso significaba encontrar formas de ver lo sagrado que ya estaba aquí. De percibirlo en todo momento en lugar de intentar escapar de la realidad yéndonos para «ser espirituales» o «hacer algo espiritual». Ver todo lo que sucede en el caos de nuestra vida como una oportunidad de regresar a lo sagrado.

Al conectarnos con la naturaleza (todos los seres vivos), podemos entretejer lo sagrado en nuestra vida cotidiana y verlo como algo ordinario y extraordinario al mismo tiempo.

La diferencia era sutil pero inmensa, difícil de describir pero profundamente sentida. En el transcurso del siguiente año acometí la misión de volver a entretejer lo sagrado en todas las partes de mi vida. Mi reto era verlo en cada momento: en mis paseos mientras caminaba junto a las flores y las plantas y cuando miraba a mi hijo a los ojos mientras le bañaba. Creé altares utilizando objetos de la cocina y cosas que se caían en mi jardín. Encontré maneras de implicarme de una forma más profunda con las personas que forman parte de mi vida pero a las que anteriormente había etiquetado como «no espirituales», por lo que no me interesaba profundizar en la relación.

Dejé de compartimentar lo físico y lo espiritual, lo mundano y lo mágico, la Tierra y el cielo, el cuerpo y el espíritu, la madre y la mística. Vi cómo una parte enorme de mi vida y de este mundo había sido seccionada, separada y encasillada. Cómo la programación de este planeta y el momento en que llegamos nos ha llevado a etiquetar, comparar y desconectar, y cómo podemos repararlo si encontramos formas de entretejer el hilo sagrado hasta el fondo.

Unos seis meses después de mi epifanía, estuve asesorando a mi amiga Annabelle Sharman, una orgullosa mujer aborigen, mientras escribía su libro *The Future Ancestor*. Nuestra editorial le había dicho que podía ser tan «mística» como quisiera, pero Annabelle no había escuchado nunca esta palabra y me preguntó qué significaba. Le expliqué que, según yo lo entendía, le estaban sencillamente animando a confiar en su canal y a ser tan poética como quisiera.

«No intentes seguir una forma concreta de escribir», le aconsejé. «Confía en los susurros de tus antepasados y déjate conducir». Annabelle le preguntó también a uno de sus ancianos y me conmoví profundamente cuando le respondió que místico es una palabra que utilizan los blancos para describir la cosa más normal del mundo: Yuma, o unicidad con la Madre Tierra.

El Espíritu de la Vida, la madre de todos nosotros, el pulso sagrado, Dios, la fuerza de vida, lo divino. Ojalá nuestros hijos crezcan en un mundo en el que el Espíritu Invisible de la Vida no se considere algo especial que debamos alcanzar u obtener algún día, sino que esté tan profundamente entretejido en la vida cotidiana que comprendan que ellos, y toda la Vida en su conjunto, *son* eso. Que lo vean en todas las cosas vivas. En las plantas, los árboles, las piedras y las flores. En las aguas y en el viento. En las montañas y en el mar. En todos los animales y en todas las personas. Si conseguimos de algún modo ver lo sagrado que está, estaba y siempre estará aquí mismo, en la Tierra, entonces quizá el futuro de la humanidad sea dorado y brillante.

PREGUNTA DEL ALMA

Piensa en una única forma sencilla que te permita entretejer más plenamente lo sagrado en tu vida cotidiana.

¿Cómo de compartimentada está tu vida espiritual del resto de tu vida?

¿Y si no hubiera un creador?
¿Y si Dios estuviera en realidad en toda la naturaleza?

Tú eres naturaleza.
Todo ser vivo es naturaleza.
El cosmos entero es naturaleza.

¿Y si Dios es en realidad el
Espíritu Invisible de la Vida?

Oculto a plena vista △

△
EL ESPÍRITU INVISIBLE DE LA VIDA

E XISTE UN PULSO INTELIGENTE Y SAGRADO que está entretejido en la Vida en su conjunto. Le dice a las flores que deben abrirse y cerrarse, a las estaciones que deben venir y luego irse y al planeta que debe girar. Guía la subida y la bajada de las mareas, el crecimiento y decrecimiento de la luna y el baile de las constelaciones. Esta inteligencia sagrada les dice a los árboles cómo deben hundir profundamente sus raíces y elevar sus ramas. Les dice a los bebés cómo hacer su primera inspiración y a su cuerpo cómo crecer.

Este pulso sagrado e inteligente está dentro de todos los seres vivos. Es la propia fuerza vital y uno de los mayores misterios que existen. Estaba presente cuando respiraste por primera vez y también lo estará cuando exhales tu último aliento. Este pulso inteligente de la Vida ha cautivado a la humanidad desde el principio. Es en sí mismo inefable, pero, si abrimos nuestros ojos y nuestro corazón, es imposible ignorarlo. De hecho, intentar nombrar, afirmar y etiquetar esta fuerza indescriptible ha provocado enormes daños a lo largo de los siglos.

Cuando estamos conectadas con él, lo estamos con la Vida misma y con nuestra intuición. Estamos conectadas con nuestro propósito sagrado. Vivimos una vida mística. Estamos entretejiendo lo sagrado de una forma más profunda en nuestro interior.

Cuando nos desconectamos de esta inteligencia, nos separamos de la propia fuerza vital y nos sentimos aisladas, solas, atascadas y separadas; de nosotras mismas, de los demás y del planeta. Tenemos la sensación de que nos falta algo. Y ese algo es nuestra conexión con el Espíritu de Vida. Con la esencia sagrada que está presente en todos los seres vivos. De la estrella al río, del planeta a la semilla, la naturaleza es la Vida misma. Este planeta forma parte del universo conocible e imposible de conocer, y lo mismo sucede con nosotros. Y con todas las cosas de la naturaleza.

Si estamos desconectadas de la naturaleza que nos rodea en la Tierra, también lo estamos de la del cosmos, porque todo forma parte de un conjunto mayor.

Me pregunto si la separación que sentimos en relación con los demás y, sin duda, con nosotras mismas puede aliviarse si nos vemos a nosotras mismas como una parte del todo. Si vemos nuestro planeta como una parte diminuta de algo tan vasto y milagroso que nos resulta imposible calcular su inmensidad. Una mera célula en el organismo cósmico denominado Vida.

Muchos escritos místicos hablan de la locura que supone depender de nuestra propia fuerza o de nuestra voluntad por encima del orden del cosmos. Esta idea/verdad me aporta un enorme alivio cuando estoy angustiada o si estoy intentando controlar las cosas, sobre todo cuando tengo la sensación de que la vida se está desmoronando. En todos estos momentos podemos decidir confiar en nuestra propia voluntad o en nuestra fuerza intentando controlar las cosas o rendirnos a la misteriosa inteligencia que hace que la Tierra gire y que nuestras uñas crezcan.

Quizá, cuando los seres humanos fueron apartados del jardín de la Tierra, cuando vimos la naturaleza como algo separado de nosotros, cuando dejamos de vivir venerando los ciclos de la naturaleza, nos desconectamos del Espíritu de la Vida que nos rodea y que está dentro de nosotros. Este pulso ancestral que siempre ha existido y que nunca dejará de hacerlo es lo que nos está siempre llamando para que regresemos a él. ¿Lo oyes? Nunca ha dejado de latir dentro de nosotras. Escucha con tu oído interior. Mira con tu corazón interior. Coloca la palma de la mano sobre un árbol, abre tu corazón a una flor, vuelve tu mirada al sol naciente. Actos sencillos como estos te vuelven a sincronizar con él. Alinea tu vida con ese latido sagrado. Toma tu pulso de él. Sigue eligiendo reconectarte con ello. Elige regresar, una y otra vez, a ti y al conjunto de la Vida a través de la ley sagrada de la naturaleza.

Ha llegado el momento de recordar cómo reconocer lo sagrado que siempre ha estado aquí y de volver a la sabiduría que siempre ha estado esperando dentro de nosotras. De comprender que quizá esta vida sea algo que nuestra alma soñó y que, estemos donde estemos, podemos encontrar una forma de descubrir que aquí hay algo sagrado.

PREGUNTA DEL ALMA

¿Qué es lo que aumenta tu fuerza vital?

¿Qué es lo que disminuye tu fuerza vital?

*¿Cuándo te sientes más conectada con lo sagrado
que albergas en tu interior?*

△

SOMOS NATURALEZA

Hemos construido un mundo encima del mundo. Si buscas la palabra naturaleza en un diccionario, encontrarás que una de sus definiciones es «todas las plantas, animales y características físicas de la Tierra, así como sus fuerzas y procesos». Comprobarás también que esta definición no solo omite a los seres humanos, sino que especifica que no formamos parte de ella. Que estamos separados de ella. Hablamos de «ir a la naturaleza» o de «enraizarse» como cosas que tenemos que hacer. Hemos olvidado que no existimos *en* la naturaleza, que *somos* ella.

¿Es de extrañar que la humanidad haya provocado tantos daños a este planeta si consideramos que es algo distinto a nosotros? ¿Nos sorprende que tantas de nosotras nos sintamos desconectadas y solas cuando vemos lo sagrado como un único Dios masculino externo que está en el cielo y no como algo que está entretejido en todos y cada uno de los seres vivos, como un lugar al que ascender y no que está innatamente dentro de nosotras, como algo que podremos alcanzar solo cuando muramos y no como algo que está disponible para nosotras en todos los momentos del día?

Creo que esta es la separación real que tantas de nosotras sentimos: de la propia Tierra, de la Gran Madre y quizá del arquetipo de la Madre, de las enseñanzas de sabiduría de nuestros antepasados, de nuestros ancianos y ancestros y de nosotras mismas y de los demás. Creo que ver la humanidad como algo independiente de la Tierra y de sus formas cíclicas es lo que ha provocado muchos de los problemas que afrontamos hoy en día. Y que la forma en la que tratamos a la Tierra, a lo femenino, a los grandes ciclos como las estaciones y a las puertas de iniciación como el embarazo, el parto, el envejecimiento, el dolor y la muerte está directamente relacionada con ello.

¿Estamos por fin dándonos cuenta del daño que está infligiendo a la humanidad y al planeta el hecho de que hagamos hincapié en la primavera y el verano por encima del otoño y el invierno, en producir por encima de crear, en las máquinas por encima de los místicos, en la certidumbre por encima del misterio y en coger por encima de recibir? Creo que necesitamos, ahora más que nunca, percibir la belleza sobrecogedora que nos rodea por todas partes. Volver a entretejer lo sagrado en nuestra vida cotidiana.

Conéctate con las personas de tu linaje que estaban en conexión con el espíritu de todos los seres vivos. Los sabios que cuidaban la tierra y veneraban lo sagrado entretejido en todo. A pesar del trágico daño provocado por el colonialismo y el patriarcado, sigue habiendo guardianes de la sabiduría indígenas (vivos y pasados) que sostienen este hilo. Espero que los protejamos, apoyemos y veneremos. Que escuchemos profundamente su canción.

SABIDURÍA BASADA EN LA TIERRA

En su forma más simple, el animismo (la creencia de que todos los seres del universo, incluidos los seres humanos, los animales, las plantas, la tierra y el agua, poseen un espíritu) le habla al alma. Susurra la verdad sagrada de que cada parte del mundo natural, desde las montañas más majestuosas a las piedras de río más humildes, está viva con una esencia espiritual. La palabra animismo proviene del latín *anima*, que significa 'aliento' o 'espíritu', y conceptualmente pinta una imagen vibrante de un mundo en el que todo y todos están conectados.

Se practica, de distintas formas, en la mayoría de las tradiciones indígenas del mundo y nos enseña que la comunicación con el mundo espiritual no solo es posible, sino esencial. Las culturas animistas mantienen un respeto muy asentado por los ancestros y creen que, incluso después de la muerte, los que vinieron antes siguen existiendo en forma de espíritu; la sabiduría y la orientación de los antepasados está disponible para nosotros si nos acordamos de escuchar.

En su momento, los pensadores occidentales lo marginaron considerándolo una forma «primitiva» de espiritualidad (un punto de vista que podríamos afirmar que ha provocado más devastación, destrucción y separación a la humanidad y a este planeta que cualquier otra cosa), pero por fin estamos empezando a apreciar su profundo respeto por el medioambiente y la sabiduría que ofrece sobre la interconexión de la Vida.

El antiguo concepto filosófico de *anima mundi* nos habla de la existencia de un «alma del mundo» y de una conexión innata entre todos los seres vivos; sostiene que, como cada ser humano individual posee un alma, el mundo debe hacer lo mismo. Esta forma de ver las cosas reconoce que todo, no solo los seres humanos, poseen un alma, una conciencia, un espíritu o una esencia sagrada. Las plantas que exhalan vida a nuestro aire, los animales que comparten nuestro entorno y también las llamadas cosas «inanimadas» (las montañas, las aguas, las piedras y mucho más) albergan una chispa inteligente y sagrada que pide nuestro respeto y reverencia.

La naturaleza está viva y a nuestra disposición para que estemos en comunión con ella. Si vemos la esencia sagrada en la vida que nos rodea, esa misma esencia se vuelve más viva también dentro de nosotros.

Este es el motivo de que nos sintamos más nosotros mismos cuando hemos estado en contacto con la naturaleza y de que, en esos momentos, también podamos acceder con más claridad a nuestra intuición. Muchos de nuestros antepasados, enraizados en culturas de todo el mundo, desde las montañas de Siberia a los lagos de Escocia, desde las llanuras de Norteamérica a los desiertos de África, desde los círculos de piedras de Gran Bretaña a los pozos sagrados de Francia, desde la tierra roja de Australia a los valles ocultos de Asia, lo sabían. Construyeron sus vidas sobre las bases del animismo reconociendo que cada ser vivo, cada elemento de la naturaleza, contenía su propio espíritu único.

La forma de vida de nuestros ancestros era un testimonio de la profunda interconexión de la Vida en su conjunto. Y creo que las plantas, los árboles, las flores, las aguas, las estrellas y las piedras albergan esta sabiduría perdida y que, mediante el trabajo con la naturaleza, podemos regresar a la que nos es intrínseca y desvelar así los secretos del universo, presentes dentro de nuestra alma y nuestras células.

Creo que, cuando nos volvemos a conectar con la naturaleza, nos estamos conectando con la inteligencia sagrada que estaba presente cuando dimos nuestro primer aliento y también en el nacimiento de la Tierra. Creo que, de este modo, podemos acceder a nuestros antepasados positivos, aquellos que no olvidaron, y recibir de ellos sabiduría y apoyo. Recuerda que eres naturaleza y que siempre encontrarás en ella la tuya propia.

Trágicamente, muchos linajes y culturas de sabiduría basadas en la Tierra se han perdido. En mi propio linaje escocés, irlandés y nórdico se prohibió la veneración de la naturaleza como Diosa viva y la veneración de lo Femenino Sagrado se quedó aletargada porque fue silenciada. Los sanadores, los chamanes, las brujas, los herboristas, los curanderos, las parteras y aquellos que trabajaron con plantas para sanar y vivieron en armonía con la Tierra fueron perseguidos y sus prácticas culturales, prohibidas o borradas.

Esta es la historia que hemos heredado. Quizá nuestra resistencia al mundo natural y la naturaleza cambiante que albergamos sean las que producen esta división, y este es el dolor más profundo que sentimos. Y, aunque la conciencia está siempre cambiando y solo podemos cambiar aquello de lo que somos conscientes, estamos solo empezando a comprender el daño tan extremo que se ha causado.

Hace poco, el Primer Ministro de Escocia presentó una disculpa pública a los descendientes de las mujeres escocesas que habían sido perseguidas por brujas durante la Edad Media, algunas de las cuales fueron mis antepasadas maternas. Las mujeres y hombres sabios que fueron ajusticiados por practicar sus tradiciones y ver lo sagrado en la Tierra.

LA RED DE VIDA

Cuando reflexiono sobre la emergencia que afronta hoy en día la Tierra como consecuencia de la contaminación, la fractura hidráulica, el cambio climático, el ecocidio y muchas más cosas, me pregunto si la razón de que nosotros como especie hayamos causado tantos daños a este planeta será la separación de lo Femenino Sagrado y de la Tierra. ¿Es el desempoderamiento de las mujeres como diosas lo que nos ha dejado hambrientas de la plenitud de nuestras madres y de nuestra conexión sagrada con la Madre Tierra? Si realmente viéramos todo como algo sagrado, ¿nos encontraríamos en esta situación en todo el mundo? Y si, durante la era colonial, los pueblos indígenas no hubieran sido considerados seres inferiores, sino los guardianes de la sabiduría en unión sagrada con el Espíritu de la Vida, ¿sería distinto este planeta hoy?

Si estudias a los grandes místicos, filósofos, poetas, inventores, científicos y sabios de todas las épocas, reconocerás un elemento común que se va remontando: la flor, el árbol, el agua, la estrella, la luna, el fuego, la piedra... La naturaleza era una fuente de inspiración, comunión y conexión para todos ellos. Muchos transmitieron que se podía tocar la sabiduría del universo contemplando el cielo nocturno o estando en contacto con un árbol.

En mi viaje personal como mística, cuanto más profundizo en mí misma, más lecciones de humildad recibo de la inmensa sabiduría a la que podemos acceder si volvemos la mirada hacia la Tierra y hacia nuestro interior. Si recordamos que las células que componen las cuatro cavidades del corazón están formadas por antiguas estrellas que explotaron. Si utilizamos la tierra y nuestro corazón como guía y brújula. Si nos conectamos con el pulso sagrado e inteligente que nunca ha dejado de latir dentro de todo.

La naturaleza nos recuerda la enormidad y la interconexión de la Tierra y de la Vida en su conjunto, y eso puede cambiar nuestra perspectiva y disminuir las sensaciones de aislamiento o agobio.

Nuestra conexión con la amplia red de Vida puede aportarnos consuelo y perspectiva, reducir la ansiedad y favorecer una sensación de bienestar más amplia. Creo que, seas quien seas, puedes desarrollar una relación directa con el Espíritu de la Vida. Seas quien seas, es probable que en la naturaleza oigas a tu intuición con más claridad. Al ver lo sagrado que te rodea por todas partes, descubrirás tu propósito sagrado sin intentarlo siquiera.

Se nos está llamando para que regresemos a la Tierra y a los brazos de la Diosa para volver a entretejer lo sagrado, para volver a incluir la naturaleza en el centro de nuestra vida cotidiana. Para que nos veamos como parte de ella y pasemos más tiempo interactuando con el mundo natural vivo; para que regresemos a ella.

¿Cómo es tu conexión con ella? ¿Qué relación mantienes con tu propio cuerpo? ¿Puedes vivir de una forma más en contacto con la Tierra? ¿Cómo puedes pasar activamente un tiempo en el mundo natural que te rodea, cuidarlo y ocupar tu lugar como una de sus custodias? ¿Cómo puedes ver lo sagrado en todas las formas de Vida, observar el cambio de las estaciones a tu alrededor y dentro de ti, recordar que tú también eres parte del paisaje siempre cambiante de la Tierra? ¿Cómo puedes aceptar tu cuerpo como tu hogar y el planeta como tu Madre?

PREGUNTA DEL ALMA

Cuando estabas creciendo, ¿te enseñaron sobre la naturaleza?

¿Qué es lo que crees acerca de ella ahora?

*¿Cuál es tu recuerdo más temprano o más querido
relacionado con ella?*

La naturaleza era su iglesia

Los árboles eran sus catedrales.
La hierba larga, su rosario.
Las flores, su libro de oraciones.
El cielo, su cúpula.
Los pájaros, su coro.
El círculo de piedras, su confesionario.
El río, el lugar donde se había bautizado a sí misma.

Ella sabía que Dios estaba en la naturaleza.
Que todo era naturaleza.
Y que el templo estaba siempre
esperándola dentro de ella.

△

EL ESPÍRITU INVISIBLE DE LA NATURALEZA

L A NATURALEZA IMPLICA más que lo que podemos ver con nuestros ojos. Si observas atentamente la salida del sol, te resultará difícil no percibirla. Está la belleza del mundo visible de la naturaleza, pero más allá del velo existe otro mundo entero: el invisible, la *naturaleza* invisible de la naturaleza. Y puedes conectarte con él en cada momento del día.

El mundo visible y el invisible están entrelazados, es decir, no pueden separarse. Tal y como dice una antigua ley hermética de la correspondencia: «Así como es arriba es abajo; así como es abajo es arriba». Si lo visible está aquí, lo invisible también. Y lo mismo sucede con nosotros. Cuando el cuerpo está vivo, el alma también, y cuando la naturaleza está presente, el Espíritu de la Vida también. ¿Alguna vez te has preguntado por qué te cautivan las llamas de un fuego o te asombran los primeros brotes de los árboles cada primavera? ¿Podría ser que el Espíritu de la Vida estuviera también presente en esos momentos?

Creo que el Espíritu Invisible de la Naturaleza puede servirte de guía para regresar a la tuya propia, reconectarte con el pulso sagrado de la Vida y tu intuición y vivir tu vida más auténtica.

Presta atención a los aspectos de la naturaleza que más te atraen para trabajar con ellos y también a los que más te sorprenden. Y confía siempre en tu intuición y tu propio ritmo a la hora de elegir con qué trabajas y cuándo. Estoy convencida de que la intuición está conectada con nuestra alma, con nuestra inteligencia innata, y que esta parte de nosotras eligió estar aquí y está a nuestra disposición para guiarnos en cada momento del día. Y también de que, cuando estamos en medio de la naturaleza, nos resulta más fácil conectar con ella.

Esto sucede por dos motivos: *presencia* y *propósito*. Cuando estamos en medio de la naturaleza nos resulta más fácil estar presentes porque esta siempre está en el momento presente. Las flores no intentan mantenerse apretadas en sus capullos ni los árboles aferrarse a sus hojas; están siempre en el momento presente. El cambio es su estado natural. Y nuestra intuición nos está esperando también en el presente. La mente está relacionada con el futuro y el pasado, pero, si somos capaces de entrar plenamente en el presente, en la mayoría de los casos nuestra intuición se elevará suavemente en nuestro interior sin que tengamos que intentarlo siquiera.

La naturaleza tiene una capacidad tan pura de «ser» que, al conectarnos con ella, podemos conectarnos también con el Espíritu de la Vida que está disponible para guiarnos en cada momento del día. Podemos volver a conectarnos con nuestra propia fuerza vital y nuestra verdadera naturaleza. Y, como todos somos únicos, cuanto más la asumimos, más acogemos nuestro camino individual, que es donde encontraremos nuestro propósito.

PREGUNTA DEL ALMA

¿Cómo puedes reconocer un poquito más el Espíritu Invisible de la Naturaleza que tienes a tu alrededor, por debajo de ti, por encima y en tu interior en este momento?

△

VIVIR LAS PREGUNTAS

UN MÍSTICO se dedica a entrar en comunión y unión con lo sagrado. Espíritu encarnado. Se entrega a fundirse con el Espíritu de la Vida y a participar en una danza directa con la Vida misma. Vive con la mente y el corazón abiertos. Está dispuesto a plantear las grandes preguntas, pero no espera para recibir unas respuestas finitas a ellas, sino que asume el gran misterio y la exploración y elige vivir de verdad sus preguntas de manera experimental.

La frase «vivir las preguntas» procede de uno de mis libros favoritos, *Cartas a un joven poeta*, de Rainer Maria Rilke. En uno de los poemas del libro, el autor invita al lector a que no busque las respuestas a las grandes preguntas de la vida, sino que «viva las preguntas» y permita que las respuestas vayan surgiendo con el tiempo.

Vivir las preguntas significa implicarse plenamente en las incertidumbres de la vida en lugar de limitarse a buscar respuestas rápidas o fáciles. Nos invita a abrirnos a la experiencia, a explorar y reflexionar y a reconocer que el viaje en sí mismo puede ser tan valioso como cualquier destino. Básicamente estimula un estado de curiosidad, asombro y humildad mientras manejamos las complejidades que implica el hecho de ser humanas.

Vivir las preguntas es lo que los místicos han hecho a lo largo de los siglos y, en mi opinión, es como algunas de las mentes más brillantes y de las personas más sabias se han tropezado con sus descubrimientos, inventos y creaciones. Cualquiera que lleve un tiempo en el viaje espiritual sabe que no termina jamás y que, cuanto más aprendemos, más preguntas van surgiendo.

Vivir las preguntas es una forma de vida y una de las bases de ser un místico encarnado o alguien que está viviendo de verdad una vida conducida por el alma.

Todas las intuiciones y percepciones del mundo carecen de sentido si no hay integración, corporización y acción enraizada. Cuando VIVIMOS las preguntas, dejamos de esperar las respuestas y elegimos vivir EN ellas. Vamos dando pasitos diminutos y permitimos que la vida se nos revele a sí misma a través del vivir. Entramos en un baile de cocreación con la Vida. Nos fundimos con lo sagrado en lugar de separarnos de él. Entramos en un mundo de asombro y sobrecogimiento en lugar de experimentar certidumbre cada momento del día.

Cuando vivimos las preguntas, en lugar de rezar pidiendo orientación a una fuente externa o recurrir a los que son más sabios o experimentados que nosotros para obtener una respuesta finita, entramos en comunión profunda con el Espíritu de la Vida, en un estado de asombro. Nos abrimos a vivir las preguntas y a permitir que la vida nos entregue las respuestas a nosotras y a través de nosotras, en lugar de permanecer rígidas y esperar a tener el viaje perfectamente trazado antes de dar el siguiente paso.

Vivir las preguntas es vivir una vida mística. Vivir una vida mística es entrar en comunión con el Espíritu de la Vida. Sabes que no eres independiente de esta gran inteligencia y que siempre serás conducida. Así es como seguimos nuestro camino sagrado.

PREGUNTA DEL ALMA

¿En qué pregunta estás viviendo en este momento?

△

VER LO SAGRADO EN OTRAS PERSONAS

AUNQUE NO PODEMOS SABERLO con seguridad, creo que nuestras almas han experimentado y conocido lugares distintos del aquí y ahora. Creo que el alma elige estar aquí y que anhela que la reconozcamos y veamos, porque la conexión viene del atestiguamiento, y la Vida está conectada.

Durante los primeros dieciocho meses de vida de mi hijo, compartíamos el baño todas las noches. Yo lo deslizaba por el agua sedosa para facilitar su transición desde el mundo acuoso de mi útero hasta el de tierra y aire al que se estaba adaptando. Una noche empecé a cantar una canción que se convirtió en *su* canción. La melodía era sencilla y la letra era así: «Gracias por venir a visitarme a la Tierra, bebé». Cada vez que la cantaba, Sunny se volvía ingrávido, se fundía en mis brazos y en su rostro aparecía la expresión más feliz.

Estoy segura de que momentos como estos son los que vendrán a mí en mis últimos alientos. A menudo he roto a llorar ante la dulzura de este tiempo intermedio y al ver cómo, al hacerme testigo de él, yo también estaba siendo atestiguada.

En nuestro mundo moderno, el alma tiene hambre de que la vean de verdad, y nosotras estamos hambrientos del alma. Esta desconexión puede hacer que nos sintamos más separadas, desgajadas y hambrientas de conexión. Nos lleva a buscar cosas fuera de nosotras para saciarla. Este dolor y esta desconexión son las cosas que nos impulsan a provocar tanto daño a los demás y al planeta. Ojalá conociéramos la forma de conectarnos de verdad.

La forma más rápida de regresar a lo sagrado es percibiéndolo en los que nos rodean. Buscar el Espíritu de la Vida en todas partes. En las personas que conocemos, en los animales que encontramos, en los árboles, en las piedras, en las aguas y en las flores. Sé alguien que presencia el espíritu, lo sagrado, el alma, la conciencia en todos los seres vivos. Cuando lo hagas, es probable que descubras que la vida se vuelve más asombrosa y viva, y que a ti te sucede lo mismo. Busca al Espíritu de la Vida y él te buscará a ti.

PREGUNTA DEL ALMA

¿Quién, de las personas que te rodean, te ve de verdad?

*¿Cómo puedes hacer lo mismo por otra persona
en el día de hoy?*

La paz en la tierra comienza cuando nacemos

¿Qué sucedería si, cuando llegamos al lado de la Tierra,
nuestra alma fuera reconocida?

Bienvenida por aquellos que eran recordados.
Acunada por seres que no necesitaron despertar
porque nunca se quedaron dormidos.

¿Qué sucedería si las manos que nos tocan
supieran que estaban tocando el
Universo ordenado como el cosmos?

Hecho de células y estrellas, tierra y alma.
Un puente para el espíritu y la Tierra.
¿Y si la paz en la Tierra empezara en el nacimiento?

△
EXPERIENCIAS MÍSTICAS

UNA EXPERIENCIA MÍSTICA es un momento de conexión profunda con el Espíritu de la Vida. Creo que hay dos tipos: experiencias místicas que cambian la conciencia, que desencadenan un despertar espiritual, y experiencias místicas que no cambian la conciencia, que nos aportan una sensación de asombro e interconexión con el Espíritu de la Vida, pero que no desencadenan un despertar significativo ni duradero.

Una experiencia mística tiene un principio y un final. Un despertar espiritual es un proceso gradual de desenvolvimiento que nos cambia para siempre y nos hace cambiar porque, una vez que estás en él, el viaje del despertar no termina nunca y nuestra conciencia sigue profundizándose a medida que más parte de nosotras se conecta.

Cuando ahondamos en nuestro despertar espiritual, puede haber momentos en los que las cosas parezcan más activas y nosotras estemos más «despiertas», pero no son más que distintas partes del proceso de despertar en las que se invita a nuestra alma a encarnarse más profundamente que antes y a nuestra conciencia a expandirse con ella. Podemos tener varias etapas diferentes de despertar en nuestro viaje espiritual (véase *El ascenso: despertar de la mente, el corazón y el cuerpo*, en la página 41, y *El descenso: las noches oscuras del alma*, en la página 47) y por lo general las desencadenan experiencias místicas que cambian la conciencia.

En el año 2009, una encuesta realizada en Estados Unidos por el Pew Research Center descubrió que casi el cincuenta por ciento de las personas que contestaban habían tenido una experiencia religiosa o mística. Aunque algunas de estas pueden arrebatarnos el aliento y cambiarnos la vida, otras pueden ser sutiles, subliminales y suaves.

**Una experiencia mística es un momento en el
que lo horizontal (el espíritu, el cielo) y lo vertical
(lo físico, la Tierra) se encuentran.
Cuando nos sintonizamos con lo sagrado
y nuestra alma aterriza más plenamente
en nuestro cuerpo.**

La mente, el cuerpo y el espíritu se armonizan y entramos en lo que los antiguos griegos denominaban tiempo *kairós* (en contraposición con *chronos*, o tiempo cronológico). El tiempo *kairós* es un tiempo sagrado, del alma. Es el lugar donde reside lo místico, donde nuestra intuición aterriza sobre nuestro regazo, en el que se produce toda la creatividad. Muchas veces se produce una experiencia de unidad y nuestro sentido del yo es sustituido por una sensación de unicidad o de fusión con el Espíritu de la Vida. Otro término que empleo para describir una experiencia mística es experiencia unitiva, porque pasamos de lo lineal independiente al todo unitivo. El tiempo parece expandirse mientras nos dejamos caer plenamente en el momento presente.

EXPERIENCIAS MÍSTICAS QUE CAMBIAN LA CONCIENCIA

Este tipo de experiencia mística nos cambia profundamente. Cuando has tenido una, no hay vuelta atrás. Dejas de ser la misma de siempre. Es un momento en el que no puedes no ver lo que has visto, ya sea hacia afuera o hacia adentro. Se ha despertado algo en tu interior.

Algunas personas afirman que, a través de sus experiencias místicas que cambian la conciencia, reciben algún tipo de sabiduría, conocimiento o claridad acerca de la Vida misma. Otra observación habitual es que resulta difícil transmitir la extensión de la experiencia mística. Aunque se percibe y conoce, las palabras resultan demasiado limitadas para describirla.

Jamás olvidaré la que tuve volando hacia Australia tras saber que mi amigo Blair estaba en coma. Me encontraba en este estado de sueño lúcido entre la vigilia y el sueño cuando sentí físicamente su presencia en mi cuerpo. Noté que me abrazaba y, en ese momento, supe que su alma se había ido de este mundo.

Aquella experiencia cambió la trayectoria de mi vida. Blair y yo siempre habíamos dicho que responderíamos la llamada para escribir un libro juntos cuando hubiéramos alcanzado la cumbre de nuestras respectivas carreras, la mía como directora creativa, la suya como actor. Muy poco después de su muerte, ayudada por la aflicción más profunda que jamás hubiera sentido, reuní el valor suficiente para crear un plan de escape, dejar mi trabajo y escribir mi libro. Fue *La luz es el nuevo negro* y se lo dediqué a él.

Con los años, he tenido la bendición de escuchar y sostener relatos de experiencias místicas que han desencadenado despertares en otras personas. Una amiga me habló de la paz y claridad que descendieron cuando estaba sentada junto al lecho de muerte de su abuela. Y la sensación de que estaban «hablando a través de ella» cuando su abuela dio sus últimos alientos y ella la acompañó con sus oraciones en su salida de este mundo. Recuerdo que tenía que buscar las palabras que describieran cómo el tiempo se había detenido, cómo la energía de la habitación había cambiado y la sensación de que ambas eran sostenidas por algo invisible.

Otro amigo me contó una experiencia a la que llegó a través de la meditación. El último día de un largo retiro en silencio, se estaba sintiendo un poco descorazonado, como si «no hubiera avanzado», cuando sintió físicamente que una oleada de compasión surgida de la nada entraba en su cuerpo. Le entró por la parte superior de la cabeza y, con una suave presión, fue descendiendo por todo su cuerpo hasta llegar al suelo. En el momento en que la fuerza desapareció, mi amigo rompió a llorar lágrimas de belleza. Tuvo la sensación de que le habían mostrado una forma encarnada de entender el amor puro.

Es importante aclarar que algunas experiencias místicas que cambian la conciencia pueden necesitar apoyo e integración porque nos transforman de un modo profundísimo. Quizá la conciencia se mueve de una forma tan drástica que nuestra identidad cambia, o la experiencia provoca una reconexión tal con el Espíritu de la Vida que saca a la luz todo aquello que no se parece a él. Yo animo de corazón a buscar ayuda y orientación profesional siempre que sean necesarias, aunque, por lo que he visto, pueden resultar difíciles de encontrar. Mi sueño es que nuestro mundo cambie de tal manera que podamos ver, comprender y apoyar a aquellos que están viviendo el proceso de despertar y que los tratemos con profundo respeto, devoción y honor.

Una amiga me contó la experiencia que tuvo en una conferencia mientras otra delegada mostraba datos importantes pero perturbadores sobre atrocidades históricas perpetradas contra las mujeres. Se sintió instantáneamente inundada por una profunda sensación de rabia ancestral y todo su ser zumbaba de ira al rojo vivo. Surgió de la nada, pero fue profundamente física y le provocó lágrimas grandes, ardientes y rápidas. Sintió que estaba experimentando el sufrimiento de todas las mujeres que habían existido y las que estaban por venir. Fue algo poderoso y revelador, pero también lacerante, y mi amiga tardó mucho tiempo en encontrarle el sentido.

De hecho, muchos años más tarde vivió de nuevo esa misma experiencia, aunque, en esta ocasión, como la reconoció, pudo recibirla de manera diferente, sostener de otro modo aquella energía. Este es un ejemplo importante que demuestra que el que algo sea difícil no siempre significa que sea malo. Y, cuando disponemos de la conciencia y las herramientas para manejar estas experiencias cuando surgen, podemos continuar con el trabajo de integrarlas en nuestra vida y en nuestras relaciones. Podemos extraer las lecciones, la sabiduría, el conocimiento, y vivirlas de manera diferente.

Te cuento esto con la intención de conectarte con tus experiencias místicas —quizá las tuviste pero, en ese momento, no las identificaste como tales— e invitar a tu conciencia a recibirlas en el futuro. En nuestras vidas tan ajetreadas, resulta fácil pasarlas por alto o descartarlas. Ya sea oír una voz, tener una sensación o un conocimiento, ver una forma simbólica en la naturaleza, que se ponga en contacto contigo ese amigo del que llevas tanto tiempo sin saber pero con el que acabas de soñar, sentir que el tiempo se estira… No dudes más. Sabemos que a nuestra mente se le da muy bien descartar todo aquello que es incapaz de entender o explicar de forma lógica, pero quizá esto también forme parte de la práctica. ¿Qué sucede cuando nos inclinamos un poquito más hacia esos pequeños momentos que nos cortan la respiración?

PREGUNTA DEL ALMA

¿Has tenido alguna experiencia mística que te haya cambiado la conciencia? ¿Qué cambio produjo en ti?

△
ASOMBRO Y ADMIRACIÓN

Cuando nacimos cada una de nosotras, estábamos en un estado de asombro y admiración. Despiertas. Todos los bebés y los niños pequeños lo están. Con la mente y el corazón abiertos, el mundo era nuestro lugar de juegos. Veíamos la magia de la Vida y la belleza despampanante e interconectada de la naturaleza. Nos fascinaban las flores y las hojas, las briznas de hierba, las nubes y los árboles. Me pregunto si todos podíamos entonces ver al Espíritu Invisible de la Vida.

En algún punto del camino, la mayoría de nosotras se desconectó de este estado de ser, dejó de ver lo sagrado en todos los seres vivos. Nos dimos cuenta de que éramos independientes y de que formábamos nuestra propia identidad exclusiva. Empezamos a mirar hacia el pasado y hacia el futuro. Quizá nos hirieron o sencillamente asumimos el condicionamiento del mundo que nos rodeaba.

El pasado y el futuro nos arrancan el dulce y meloso néctar de Vida. El momento presente es donde la fuerza vital está en toda su potencia. Donde el Espíritu de la Vida está plenamente presente. Y, si estamos plenamente presentes a él, nosotras también lo experimentaremos. Nos aferramos a cualquier cosa capaz de aliviar el dolor de esta separación y esta hambre de reconectarnos con él. Y todas las formas en las que intentamos evitar el dolor nos desconectan más y más del momento presente y del pulso inteligente de la vida.

Sin embargo, podemos regresar a él en cualquier momento. La fuerza vital está esperándonos ahí. La mejor forma de regresar a ella es entrar en un estado de asombro y admiración, y la manera más fácil de conseguirlo es estar de verdad en la naturaleza y observar la belleza que te está esperando allí en el momento presente.

Cuando lo hagas, regresarás a tu verdadera naturaleza. El asombro y la admiración son dos de los estados más poderosos para la mística y la forma más rápida de tener una experiencia directa del Espíritu de la Vida. Y, cuando te vuelves a conectar con él, te vuelves a conectar con tu alma. Cuando te reconectas con tu alma, te reconectas con la fuerza vital y recuerdas quién eres y por qué elegiste venir a esta vida.

Cuando nos permitimos experimentar asombro, percibimos una sensación de inmanencia y trascendencia al mismo tiempo. El cielo y la Tierra se conectan. El espíritu y la materia se entretejen. El alma se conecta.

Cuando activamos un estado de asombro y admiración, nos abrimos a tener una experiencia mística. Unitiva. Nos hacemos una con el resto de la vida y nos sentimos menos solas. Experimentamos un momento de paz, despertar y conexión. Se pueden producir un cambio en la conciencia y una expansión. Puede ser al mismo tiempo sutil y significativo. En ambos casos, el alma entra un poco más plenamente en el cuerpo y la mente, el corazón, el cuerpo y el alma se alinean con el resto de la vida.

La forma más fácil que conozco de tenerla es decidir conscientemente estar en un estado de asombro y admiración mientras observamos el mundo. Es como si el tiempo se estirara y, a la vez, no existiera. Hay espacio para respirar y nos sentimos en comunión con todo lo que nos rodea y conectadas con ello. Cuando nos permitimos entrar en un estado de asombro, al momento experimentamos una auténtica comunión con la Vida. Y, cuando experimentamos comunión con la Vida, también la experimentamos con nosotras mismas. Recordamos nuestra verdadera naturaleza estando de verdad en el momento. En la naturaleza. En nuestra propia naturaleza verdadera.

Recuerdo la primera vez que fui consciente de haber entrado en un estado de asombro y admiración. Acababa de sacarme el carné de conducir y estaba llevando a una amiga a su casa. Al coger la carretera de la costa, que giraba alrededor de un saliente de tierra entre dos playas, capté por un momento en el retrovisor el sol poniéndose en el mar. Se me cortó la respiración y lo único que pude decir (para mí misma) fue: «¡Uau!». La experiencia se reproducía siempre que llegaba a este punto en el coche y siempre tenía la sensación de que el corazón se me expandía y mi alma aterrizaba más plenamente en mi cuerpo.

No es necesario ser una persona espiritual para ver lo sagrado y experimentar asombro a diario. Mi padre se sienta todas las noches en la terraza y contempla cómo el inmenso cielo australiano se tiñe de tonos anaranjados, rosas y morados. Quizá no se considere a sí mismo un hombre espiritual, pero entra en un estado de asombro más veces que la mayoría de las personas gracias a este ritual vespertino.

Yo vivía en una calle de mucho tránsito en Glastonbury situada en la línea ley Mary, por lo que cientos de peregrinos pasaban por ella a diario. Tenía un jardín magnífico con una madreselva absolutamente maravillosa que cubría la valla. Una de las cosas que más me gustaba era observar a la gente que pasaba junto a ella. Algunas seguían su marcha y no se fijaban, centradas solo en su destino, y otras hacían que la comunión de madreselva formara parte de su caminata diaria.

Y luego estaban los que pasaban y de repente se paraban en seco. Si se lo permitían, estas personas eran las más entusiasmadas. Se inclinaban y aspiraban el dulce aroma a miel. El cambio que se producía era visible. Era como si hubieran experimentado un rápido realineamiento, un aterrizaje, una ralentización y una profundización, porque durante uno o dos segundos entraban en un estado de asombro por estar con la deliciosa belleza de la naturaleza y conectarse de nuevo con el Espíritu de la Vida.

Justo después de que naciera mi hijo, mientras empezaba a procesar los detalles del parto, le miré y, de repente, me sorprendí de verdad de encontrar un bebé en mis brazos. Aquella respuesta me siguió teniendo perpleja durante mucho tiempo. Recuerdo que le dije a mi terapeuta:

—No comprendo por qué me sorprendí tanto al verle ahí. Sabía que estaba teniendo un bebé así que, ¿por qué reaccioné de esa manera?

Ella me respondió:

—¿Y cómo va a reaccionar cualquiera cuando acaba de suceder un milagro justo delante de sus ojos?

El asombro es el gran misterio de la vida.

PREGUNTA DEL ALMA

*¿Recuerdas algún momento de asombro en la naturaleza
o alguna experiencia mística?*

△

CONVERTIRSE EN UNA BUSCADORA
DE ASOMBRO

«Si de verdad amas la naturaleza, encontrarás belleza en todas partes».

VINCENT VAN GOGH

ENTRAR EN UN ESTADO de asombro y admiración es fácil si lo intentas. De hecho, no requiere ningún esfuerzo. Se necesitan dos cosas: en primer lugar, observar y apreciar la belleza que tienes a tu alrededor (una flor, un árbol, una puesta de sol, un bebé dormido, las hojas que caen, un pájaro cantando, un río que fluye, un fuego que destella); en segundo, ir más despacio y permitirte estar presente y fundirte con la naturaleza recibiendo plenamente la belleza del momento. Te haces testigo de lo sagrado que ya está aquí. Esta práctica de buscar momentos de asombro es una de las que utilizamos en The Inner Temple Mystery School y he observado hasta qué punto puede cambiar la vida de los participantes. Son muchísimas las veces que no vemos lo sagrado que ya está aquí, rodeándonos por todas partes.

Creo que uno de los motivos por los que la naturaleza provoca en nosotras un estado de asombro es la belleza armoniosa que posee. Y, cuando vemos lo sagrado que está aquí, algo se armoniza en nuestro interior y también recordamos lo sagrado que albergamos ahí. Este es el momento en el que el alma aterriza plenamente en nuestro cuerpo, como si el cielo y la Tierra se juntaran. Nos sentimos conectadas con toda la Vida en su conjunto *y al mismo tiempo* sumamente insignificantes en la inmensidad y la maravilla de todo.

Nos quedamos sin palabras. Nos sentimos cautivadas por el momento presente. El tiempo se detiene o se estira. El tiempo *kairós*, el místico sagrado, se activa y, cuando eso sucede, podemos sentir una alegría auténtica. Somos capaces de escuchar con más claridad nuestra intuición. Las ideas nos llegan completamente formadas. Nos regulamos con el pulso de la Vida y entramos en un estado de recibir y sanar (completitud).

Convertirse en buscadora de asombro te abre tanto el corazón como la mente. Te conecta con los secretos del cosmos como universo ordenado. Formas parte de este orden bello y armonioso. Alivia el dolor de la separación que tantas sentimos. Te ofrece una forma de encontrar paz en el momento, estés donde estés. Es la puerta para seguir tu camino sagrado.

PREGUNTA DEL ALMA

Vete al campo y observa si puedes entrar en un estado de asombro.

Hazlo durante diez segundos, si te apetece. Respira hondo diez veces y comprueba si puedes estar de verdad en el momento presente.

Observa la belleza que te rodea y decide de manera consciente conectarte con el Espíritu de la Vida.

Observa el cambio que se produce y escribe acerca de tu experiencia.

△
LA ALEGRÍA ESTÁ AQUÍ, SI LA QUIERES

El LUGAR EN EL QUE LA FUERZA VITAL abunda es el momento presente, igual que aquel en el que puedes encontrar la alegría, donde reside la creatividad y donde te está esperando la intuición. El miedo y el resentimiento acerca del pasado y las preocupaciones y proyecciones por el futuro nos impiden acceder a la alegría porque nos apartan del Espíritu de la Vida.

Si estás pensando en el pasado o preocupándote por el futuro, no estás alineada con la fuerza de la Vida. En ese momento estás desconectada. Microgestionando la gran inteligencia en lugar de afirmar que eres tú misma. Dependiendo de tu voluntad personal por encima del gran misterio. No hace falta que pases todo el día en el momento presente, pero, cuanto más tiempo estés en él, más alineada te sentirás.

Lo bueno es que en cualquier momento del día puedes traerte al presente. Puedes decidir atravesar el espejismo del pasado y del futuro y beber el dulce néctar de la Vida siempre que lo desees. Es por eso que las prácticas espirituales —desde bailar a cantar o meditar— resultan tan eficaces: son las puertas para que el alma entre plenamente. De todas formas, cualquier cosa que trabaje con los sentidos invita al alma a entrar: la poesía, el canto, el sexo, la comida deliciosa. En esos momentos nos encontramos en el centro entre el cielo y la Tierra. El alma cae al plano físico y todo se expande. El espíritu y la materia construyen un puente a través de la conexión.

PREGUNTA DEL ALMA

*¿Cómo puedes abrirte en este momento
a experimentar la alegría?*

△
LA DIFERENCIA ENTRE BELLEZA Y PERFECCIÓN

L A VIDA ES BELLA. Pero no es bonita. Bello es un concepto muy distinto de bonito. Bonito es perfecto, pero estático, fijo, delgadísimo. No tiene sustancia, ni profundidad, y no está realmente vivo. Nunca dura mucho, mientras que lo bello es intemporal. La belleza alberga la esencia de la Vida; alberga el gran misterio y los extremos: el éxtasis y el sufrimiento intenso. Está hecha de polaridad. Nos corta la respiración y transforma al que la contempla gracias a su brutal honestidad; activa el aliento de vida cuando exhalamos con asombro y, con ello, nos trae al momento presente.

El nacimiento y la muerte son bellos, al igual que el amor, la amistad y el crecimiento. Todas las cosas bellas tienen tensión. Quizá sea esta la que hace que sean bellas, porque apreciamos la bendición y el milagro que son cuando las observamos en su estado fugaz, en ese momento que jamás volveremos a ver. Los bebés son bellos, al igual que las flores, el mar y la vida.

Yo prefiero ser bella que bonita, porque lo bonito siempre se desvanece. La belleza siempre se va haciendo más profunda, a lo largo de todas las estaciones, mientras que bonito solo significa ser bonito.

**La belleza es mucho más que la apariencia física.
Es una vibración, una armonía, una verdad.
Siempre tiene un propósito más profundo.**

Si abres los ojos, verás que este mundo está compuesto de belleza. Si haces todo lo posible por reconocerla siempre que puedas, al instante entrarás en el momento presente. Te sentirás inspirada a abrazar tu verdadera naturaleza y tu propósito sagrado, porque el hecho de que todas las cosas cambien es lo que las hace más bellas en ese momento.

Cualquier persona que tenga hijos pequeños te confirmará que, en el momento en que creen que han pillado el truco a las cosas, todo cambia. Esos primeros años son preciosos y también, en la mayoría de los casos, muy difíciles. Se van muy deprisa, pero también se hacen eternos. En un momento dado te gustaría que el tiempo se ralentizara y, al siguiente, quieres que las cosas sean más fáciles y acelerar. Uno de los mayores desafíos es aceptar la polaridad de esta belleza de una vez. Este es el gran misterio de la vida.

PREGUNTA DEL ALMA

¿Cómo buscas la perfección o lo bonito en lugar de lo bello?

¿Cómo puedes asumir un poco más lo bello?

△
CONVERTIRSE EN UNA BUSCADORA DE BELLEZA

E N MI OPINIÓN, la belleza es armonía. Mi madre fue mi primera maestra en estos temas. Era Virgo, como yo, y tenía un don para hacer bello todo lo que tocaba. Décadas más tarde, en mi trabajo como directora creativa, aprendí mucho acerca de la dirección artística, pero hasta que no entré en mi trabajo devocional no entendí realmente la belleza como una forma de vida.

Cuando empecé a trabajar con mi editor y otras personas sentí que mi perfeccionismo me convertía en alguien complicado en lo que respecta al aspecto estético de mis creaciones. Pero un día me di cuenta de que crear belleza es una práctica de devoción y que sucede tanto en el mundo visible como en el invisible. Ahora, siempre que colaboro con alguien, le explico que para trabajar conmigo tiene que entender este concepto. Al reformularlo, es sorprendente lo fácilmente que le resulta a la gente captarlo.

La belleza estética es la forma más conocida de belleza. Básicamente es la hermosura visual de algo y pone en juego cosas como el color, la simetría y otros atributos físicos. La belleza natural tiende a encerrar la belleza en el mundo natural, como en los paisajes, las puestas de sol, un cielo estrellado… todas esas cosas que provocan una sensación de asombro y admiración.

La belleza artística hace referencia a creaciones como el arte, la poesía, la música y la danza. Cosas creadas por artistas que despiertan distintos sentimientos en el que las contempla. El artista se ha fundido con lo sagrado y ha creado algo que previamente no existía.

La belleza geométrica está relacionada con la armonía y el orden sagrado. Es la que vemos reflejada en toda la naturaleza y el motivo de que estar en medio de ella nos pueda hacer volver a la nuestra propia. La proporción áurea, la proporción armónica suprema, es un ejemplo de este tipo de belleza; está presente en toda la naturaleza y también se emplea para crear arte, edificios y otros objetos físicos. Por eso estas cosas nos suelen cautivar tanto.

La belleza energética está relacionada con lo invisible. Es una forma distinta de armonía y orden sagrado y el tipo de belleza más incomprendido. Puede percibirse, pero no tocarse. Cuando creo espacios sagrados, es la forma de belleza con la que más estoy trabajando. También lo hago cuando escribo un libro. En primer lugar, se colocan las palabras en la página, pero luego repaso el texto dos, tres o quizá cuatro veces y recorto energéticamente todo aquello que no encaja bien. Lo hago con música devocional y a veces incluso canto. También tengo un altar para el libro, que cuido incluso cuando este ha dejado mis brazos.

La belleza visible e invisible de mi entorno físico ha tenido siempre una importancia especial para mí y, a medida que iba creciendo y profundizando en mi carrera, la belleza estética de mis creaciones y la armonía en mis escritos siguieron siendo una prioridad. Antes de impartir un taller, siempre estoy un tiempo antes en el lugar donde se va a celebrar para hacerlo bello para el grupo que va a albergar. Al mover las cosas de manera física y estética e incorporar distintos objetos de la naturaleza y de otros lugres, activo el receptáculo sagrado para el grupo. También cambio la energía y creo armonía. Podrás verme trajinar de un lado a otro colocando altares y objetos sagrados como mis cartas oráculo hasta que tengo la sensación de que todo está correcto. Y hago lo mismo en la mayor parte de los aspectos de mi vida, incluida mi casa.

PREGUNTA DEL ALMA

¿Cómo te están llamando hoy a crear más belleza
en tu entorno?

△

REGRESAR A LA SABIDURÍA INTERIOR

En el mundo moderno de la espiritualidad existen numerosas herramientas diseñadas para hacer que deseemos más, más y más, con lo que pueden tanto ayudarnos como entorpecernos. De todas formas, para conectarnos con Dios, con la Diosa o con el Espíritu de la Vida, no *necesitamos* herramientas espirituales. La conexión, el puente, con lo sagrado eres tú y siempre puedes ir directamente hacia ello. Tu corazón es el portal hacia más sabiduría de la que jamás podrás buscar fuera de ti. Sin embargo, para conectarte con él, necesitas estar abierta.

Hace poco, una invitada a mi pódcast confesó que se había vuelto dependiente de las cartas oráculo, los cristales y la conexión con fuentes invisibles externas (como ángeles y guías) para que la orientaran. Había dejado de confiar en su propia intuición o conexión interior porque tenía la sensación de que necesitaba esas herramientas o intermediaros exteriores y, en consecuencia, había dejado de lado las suyas. Si dependes de fuerzas externas para conectarte con tu intuición o con lo sagrado, quiero que sepas lo siguiente:

Dentro de ti tienes todo lo que necesitas para ir directamente. Tu corazón es la puerta a todo. Cuando yo tenía veintitantos años, una de mis profesoras, Sonia Choquette, me enseñó a ponerme la mano sobre el corazón para conectarme con mi intuición y luego decir simplemente aquello que me parecía auténtico en él. Por ello, siempre que estés cuestionando cosas o descubras que estás buscando respuestas fuera de ti, puedes regresar a lo sagrado y a tu sabiduría interior a través del portal de tu corazón. Jamás te fallará y siempre estará disponible para guiarte.

Es importante que sepas que tienes todo en tu interior. Todo el mundo lo tiene. Sin embargo, estamos viviendo en una época en la que no se nos enseña a conectarnos con nuestro corazón como principal fuente de información. Y, aunque todas las herramientas externas que existen son puertas que te ayudan a conectarte con tu sabiduría interior y con lo sagrado que albergas dentro de ti, lo sagrado no es algo independiente de ti. La sabiduría está y siempre estará esperándote en lo más profundo de ti.

Lo único que necesitas para conectarte con lo sagrado es conectarte contigo misma a través del portal de tu corazón.

El motivo de que me guste tanto trabajar con la naturaleza como guía es que no tiene mente, por lo que no puede quedarse atascada en el pasado ni pensar en el futuro. Sencillamente es lo que es. Asume la verdad del momento en cada momento. Sabe cómo SER. Va como un rayo siguiendo el pulso sagrado de la Vida y, como está tan alienada con él, porque acoge la fuerza vital que es básicamente energía espiritual, nos invita también a este momento presente sagrado estando en él.

Creo que, cuando estamos en el momento presente sagrado, podemos reconectarnos tanto con la fuerza vital (el pulso sagrado e inteligente de la Vida) como con nuestra propia cualidad de ser. Y, cuando nos reconectamos con esta, entramos en nuestro cuerpo y en nuestro corazón. La mente, el cuerpo y el alma se alinean y, gracias a este alineamiento, nuestra intuición puede hablar y ser escuchada, vista y conocida.

En mi opinión, sucede de dos maneras. En primer lugar, podemos conectarnos con aquello que es verdad para nosotros y, en segundo, mediante la conexión con nuestra propia verdad, también podemos conectarnos con una verdad universal. Porque todos formamos parte del organismo de la Vida. Por ello, cuando estés trabajando con guías, ya sea en el plano físico o en el espiritual, utilízalos siempre como puertas para conectarte con lo sagrado que siempre ha estado y siempre estará en tu interior. Ahí es donde reside tu intuición, donde se encuentra tu sabiduría interna, donde está Dios. Porque Dios no es un ser externo independiente de ti. Lo sagrado está y siempre ha estado sembrado y esperándote dentro de ti.

Si mientras trabajas con la naturaleza como guía recibes una sabiduría o información que te resulta ligeramente distinta de tu intuición, puede ser que proceda de la propia naturaleza para el colectivo. Ahora bien, eso no significa que tengas que hacer nada con ella; también puedes limitarte a recibirla para ti. En este momento, la Tierra y la humanidad están sanando después de una larga separación. De los demás y de lo sagrado. Por ello, cuando nos conectamos con la naturaleza como guía, podemos recibir mensajes de los árboles, de las aguas, de las flores y de más allá. Creo que estos mensajes somos nosotros sanando con la Tierra, regresando a ella.

PREGUNTA DEL ALMA

¿Qué es lo que la sabiduría que albergas en tu interior quiere que sepas?

La sabiduría de la abuela de su abuela
estaba grabada en las piedras.
Esperando que llegara el momento en el que
la hija de su hija tuviera
oídos para escucharla.

Mi abuela me está llamando △

△

LA INVITACIÓN

Es IMPOSIBLE NEGARLO, como planeta estamos atravesando algo. Después de llevar demasiado tiempo centrados en nuestra separación y nuestro individualismo, está claro que esta antigua forma de ser debe morir. Que la humanidad debe unirse. Nuestra supervivencia depende de ello.

Creo que estamos viviendo un periodo de evolución y que la humanidad ha recibido la posibilidad de elegir: seguir viviendo con nuestras costumbres de separación y afrontar la destrucción o volver a conectarnos con el Espíritu de la Vida y la creación. La muerte es segura. El renacimiento es una opción… pero debemos despertar para elegirla. Debemos abrir nuestro corazón. Nuestra evolución depende de ello. Nada es seguro.

Creo que nuestra Madre planetaria nos está instando a decir que sí a la creación, no a la destrucción. A que regresemos a la Tierra, a nosotras mismas y a los demás.

Si decimos que sí a la creación, decimos también que sí a la muerte con un renacimiento. Así es como actúa la naturaleza. Si decimos que sí a la destrucción, ¿estaremos caminando hacia nuestra propia extinción? ¿Está la Gran Madre despertándonos de nuestro sueño inconsciente en un esfuerzo de hacernos elegir? ¿Está tratando de abrirnos los ojos, el corazón y la mente para que veamos cómo nuestro modo inconsciente de actuar ha provocado tanto daño a los demás y al planeta? ¿Hasta qué punto nos hemos desalineado de la Vida misma?

¿Estamos en el canal de parto de una nueva forma de avanzar para la humanidad? ¿Es esta la noche más oscura previa a la mañana? ¿Nos vamos a alinear con el pulso inteligente de la Vida antes de que sea demasiado tarde? ¿Estará la humanidad incluida en la evolución de la Tierra? ¿Es este el motivo de que la Gran Madre se esté apareciendo en el corazón de tantas personas?

¿Son la aflicción, el dolor y el sufrimiento intenso que tantas de nosotras afrontamos una prueba de que somos una especie interconectada? ¿Es lo que estamos sintiendo, purgando y procesando la clave para regresar a nuestra evolución? ¿Somos las parteras, las madres y las hijas de una nueva humanidad? ¿Es este el motivo de que eligiéramos venir? ¿Recuerdas por qué elegiste venir?

PREGUNTA DEL ALMA

Si la Tierra te hablara en este momento, ¿qué te diría?

△
FUTURAS ANTEPASADAS
DE LA TIERRA

Nuestra desconexión con la Tierra es lo que hace que nos sintamos huérfanas. Como almas sin madre. Estés donde estés, reconoce a la Tierra y a sus guardianes. A los antepasados y custodios que, a lo largo de los siglos, han cuidado la Tierra sagrada que yace bajo tus pies. Y también a aquellos que han contribuido a su deterioro. Resulta difícil reconocer que nuestros antepasados pueden haber estado también implicados en la separación, pero la verdadera sanación solo puede producirse cuando nos damos permiso para observar el mundo con ojos objetivos y entender que ciertos desajustes quizás sean culpa de nuestros ancestros.

Al reconocer la historia del planeta que está debajo de nosotras, podemos regresar a la Tierra y, de este modo, reconectarnos con el Espíritu de la Vida y recibir su apoyo y su sentido de pertenencia. Podemos empezar a sanar lo que ha sido cortado y abrir los caminos de sanación para los que vendrán después de nosotras. Cuando empezamos a limpiar y reactivar nuestra conexión con nuestra Gran Madre Tierra, regresamos a sus brazos. Somos las nuevas guardianas de la Tierra. Las desactivadoras y activadoras. Las llamadas por los antepasados futuros y pasados a elegir una manera diferente.

Podemos encontrar el valor para abrir nuestro corazón y reparar lo que ha sido roto, robado, ignorado, no reconocido, silenciado, despreciado, atado y olvidado. Aunque nos lleve un tiempo interiorizarlo, aunque nos resulte extremadamente duro, podemos elegir sanar la desconexión y la división que hemos heredado, con independencia de quiénes sean los culpables de ellas. Podemos elegir el camino de la sanación. De volver a tender los hilos. De volver a tejer. De escuchar la canción ancestral y futura de la Tierra y ser conducidos.

PREGUNTA DEL ALMA

¿Cómo estás siendo llamada a ser una antepasada positiva de los que están por venir?

La tierra está aquí para nosotras.
Las piedras están aquí para nosotras.
El aire está aquí para nosotras.
Los árboles están aquí para nosotras.

Las flores están aquí para nosotras.
Las hierbas están aquí para nosotras.
Las montañas están aquí para nosotras.
Los ríos están aquí para nosotras.

Los mares están aquí para nosotras.
Las setas están aquí para nosotras.
Los animales están aquí para nosotras.
Los niños están aquí para nosotras.

¿Cuándo recordaremos
cómo estar aquí para ellos?

Pérdida del alma △

△

LOS CÓDIGOS DE LAS FLORES
Y DE LAS HIERBAS SILVESTRES

Me DIJERON QUE TENÍA QUE IR A LA TIENDA para comprar lo que necesitaba. Que debía consumir, no crear. Sin embargo, cogiera lo que cogiera, siempre me quedaba famélica, ansiosa de aquello de lo que tenía hambre. Tantos años pasados entumeciéndome mientras mis mitocondrias ansiaban el alimento y la conexión con la sabiduría de la abuela de la abuela de mi abuela y de linajes perdidos, ahogados, atados y quemados.

Estas hierbas, estas flores y hierbas silvestres nativas. Estas plantas ancianas nutritivas que los antiguos cuidaron. Abuelas y abuelos desde el principio de los tiempos. Se me enseñó a encargarlas por internet, con un clic, de lugares extraños, y me preguntaba por qué no me saciaban ni me hablaban. Me perdía en la traducción. Anhelaba una constelación armoniosa.

Perfectamente cortadas, secadas y envasadas. Incapaz de llegar a la médula. Consumir sin absorber. Mi cuerpo incapaz de acceder a lo que más necesitaba; ansiando tener la llave para abrir las puertas de las células. Perdiéndome la encarnación repetitiva de generaciones ancestrales. Agachando, cuidando, cultivando. Observo cómo mi bebé imita mis movimientos, con las manos en la tierra, y veo ahora que este anhelo físico, emocional, espiritual, existencial, es muy profundo. Él ve el Espíritu de la Vida. Los semejantes se atraen.

Estas flores silvestres, estas hierbas nativas. Estas plantas nutritivas que los antiguos cuidaron. Abuelas y abuelos, sabios, sanadores. Seguidme la pista hasta la Madre Original. Tardé muchísimos años en descubrir que todo este tiempo estaban a mi puerta. Creciendo por entre las grietas del pavimento. Ortiga y diente de león, caléndula y artemisa, abriéndose camino con terquedad a través del duro cemento. Luchando por salir.

Tan incomprendidas, tan desdeñadas. Prohibidas, acosadas, cortadas y arrancadas, desechadas, quemadas, envenenadas y proscritas. Y todo por ser silvestres. Su canción se desvaneció de nuestros oídos pero nuestro corazón la siente a través de nuestro anhelo de algo no domesticado. Pero ahora puedo escuchar a las Abuelas Ancestrales de la Tierra. Mi oído interior está abierto a los susurros. Mi ojo interior se enfoca en lo invisible que tengo ante mí.

Se nos enseñó que la belleza era la perfección. Que debíamos crecer en hileras. Que debíamos estar siempre en flor. Que se nos desecharía si no lo hacíamos. Crece, crece, crece. No te salgas de la línea. Aférrate a esos pétalos. Resiste todos los inviernos, los otoños y las tormentas. Fruto, fruto, fruto. No es de extrañar que estemos agotadas. No es raro que prácticamente no nos quede nada silvestre dentro de nosotras.

Sin embargo, el alimento está en oferta cerca y profundo. Todo este tiempo, las flores y las hierbas silvestres han seguido creciendo ante nosotras. Y para nosotras. Las arrancaron y las sustituyeron por hileras perfectas, recortaditas e idénticas, pero cada intento de erradicarlas no consiguió más que hacer que crecieran más fuertes. Más feroces. Estas hierbas resilientes y nutritivas son nuestros antepasados. Aquellos que no pudieron ser silenciados ni extinguidos. Cultivados y regados.

Sí, estas hierbas son las semillas de aquellas que intentaron enterrar. Y nos recuerdan que nosotras lo somos también. Contra todo pronóstico. Nos llaman tanto hacia adelante como hacia atrás de linajes perdidos. Nos dicen que retrocedamos hasta el principio para así poder ir hacia adelante y plantarnos aquí a nosotras mismas más plenamente que nunca. Rezo porque así sea. Que regresemos a la Tierra silvestre.

PREGUNTA DEL ALMA

Si las flores silvestres te hablaran en este momento,
¿qué te dirían?

△

IR MÁS DESPACIO PARA AJUSTARNOS AL RITMO DE LA TIERRA

L A MENTE Y EL ALMA tienen su propia velocidad. Sobre todo para aquellas que hemos venido con una misión concreta del alma. Y sobre todo para aquellas cuya misión dependen del tiempo. Que quizá seamos todas. Resulta fácil quemarse. Sentir que nos estamos quedando sin tiempo. Y así es. Pero no como creemos. Nos estamos quedando sin tiempo para ir más despacio. Para volver a conectarnos con el Espíritu de la Vida y sincronizarnos de nuevo con los ciclos de la Tierra.

La urgencia que sentimos es tanto verdadera como falsa. Cierta porque debemos despertar y frenar para ajustarnos al ritmo de la Tierra. Falsa porque el capitalismo tóxico nos ha desincronizado tanto con el ritmo de la Tierra que hemos quedado hipnotizadas en un estado de urgencia, emergencia y desregulación. Es algo que hemos heredado y debemos despertar antes de que sea demasiado tarde. Para nosotros, no para la Tierra. Porque esta encontrará la forma de seguir adelante. La cuestión es la siguiente: ¿y la humanidad, podrá hacerlo?

Tu presencia aquí es importante. Y también tu energía y tu fuerza vital. Planifica a largo plazo, no a corto. Tu alma eligió estar aquí, en este planeta, en esta época, en este cuerpo, y, mientras estés aquí, formarás parte de los ciclos y ritmos de la Tierra.

Si te resistes al flujo de la naturaleza, al pulso inteligente, a las estaciones siempre cambiantes (interiores y exteriores), al final te obligarán a ir más despacio. Ya sea porque acabas quemada o porque te desconectas de tu fuerza vital. Muchísimas de nosotras lo estamos sufriendo en estos momentos. Estamos experimentando la profunda sanación que se nos exige como especie. Muchísimas de nosotras estamos procesando la enfermedad de nuestra sociedad y nuestra cultura, tan desconectadas del Espíritu de la Vida.

No subestimes el acto de rebelión que supone volver a conectarse con el Espíritu de la Vida. No subestimes el acto revolucionario de ir más despacio para ajustarse al ritmo de la Vida. No subestimes la capacidad de la naturaleza y de la Vida para encontrar soluciones creativas y, como formas parte de la naturaleza y de la Vida, permanece abierta para ser un vehículo de estas soluciones.

Cuando te reconectas con el Espíritu de la Vida y le permites moverse a través de ti, estás siguiendo tu camino sagrado. Este es el camino de la mística. Esto es vivir alineada con el pulso inteligente de la Vida. Cuando tienes la sensación de no estar haciendo lo suficiente, cuando te dices a ti misma que no debes descansar, debes saber que sostienes un hilo para la sanación de la humanidad.

Ir más despacio y regular nuestro sistema nervioso en un mundo atascado en un estado de emergencia es un acto revolucionario.

Regular nuestro sistema nervioso sanará más de lo que podríamos imaginar porque, cuando lo hacemos, nos volvemos a conectar con el latido del corazón de la Gran Madre. Nos convertimos en un refugio seguro al que los demás pueden acudir para regularse también. Cuanto más ignoramos las señales que nos están avisando de que debemos ir más despacio, más quebradizas nos volvemos y más necesidad tenemos de depender de cosas y sustancias externas a nuestra verdadera naturaleza solo para sobrevivir, sin hablar de prosperar.

No es ningún secreto que, en estos momentos, la Tierra está desequilibrada por culpa de la humanidad. También creo que lo está porque hemos olvidado sus leyes sagradas. Las leyes sagradas de la Vida, del cosmos. Porque nos hemos olvidado del pulso sagrado y rítmico de este planeta o nos hemos desconectado de él. De la propia naturaleza. Por eso, al volvernos a reconectar con esta y con sus ciclos, podemos encontrar el camino de vuelta a un estado de equilibrio, tanto para nosotras como para el planeta.

La Tierra por sí misma, sin la humanidad, sabe cómo regenerarse, volver a corregirse, reequilibrarse, reabastecerse y renacer. Y quiere ayudarnos a recordar que también nosotras sabemos hacerlo. Te regulará si se lo permites. Te alimentará. Te repondrá. Sin embargo, llegará un punto en el que, si no despertamos a tiempo, será demasiado tarde. Esta es también la urgencia que muchas sentimos. Pero no la confundas con la otra urgencia.

PREGUNTA DEL ALMA

¿A qué velocidad viajas actualmente?

Piensa en una cosa que puedas hacer para ir más despacio y ajustarte al ritmo de la Tierra.

△

ATRACTIVA COMO UNA FLOR

¿Alguna vez te has dado cuenta de que en el verano, cuando las rosas están en toda su plenitud y su perfume llena el aire, aparecen de repente las abejas y otros polinizadores? Las rosas no van por ahí cogiendo y buscando, sino que confían en que las abejas van a acudir a ellas. Jamás intentan atraparlas. Nunca se esfuerzan en exceso. Asumen plenamente la situación y permiten a la Vida que llegue a ellas. Y la reciben plenamente. No se abren y se cierran dependiendo de quién pase a su lado, sino que se abren y florecen.

¿Cómo puedes abrirte a ti misma para recibir la abundancia, tal y como hace la rosa? ¿Cómo puedes abrirte plenamente a la dulzura de tu vida y asumir la magnificencia de lo que eres? ¿Y abrirte también a la posibilidad de recibir aquello que anhelas en lo más hondo de tu ser? ¿Cómo puedes expresar claramente lo que deseas? ¿Cómo puedes pedirlo? ¿Cómo puedes confiar en que todo aquello que te ha sido destinado quiere llegar a ti? ¿Cómo puedes afirmar tus deseos alto y claro y permitir que se conozcan tus anhelos?

No te estires para coger algo ni lo agarres por la fuerza; no te esfuerces, controles ni manipules, porque eso te dejará agotada, reseca y quebradiza. Este capítulo es un aviso de que la abundancia verdadera y sostenible está llegando. Conéctate con tu naturaleza sensual y auténtica. No te avergüences de lo que deseas y, cuando llegue, disfruta con intensidad cada minuto.

PREGUNTA DEL ALMA

¿Qué es lo que realmente deseas?

¿Qué quieres recibir y estás preparada para abrirte a ello?

¿Cómo puedes atraer como una flor?

△
SÉ PRODUCTIVA, NO HAGAS NADA

CUANDO ESTÁS REALMENTE QUIETA, puedes estirar el tiempo. Puedes volver a conectarte con el Espíritu de la Vida simplemente creando un poco de espacio. El hecho de que no estés «haciendo algo» no significa que no se esté haciendo nada. A veces pueden suceder más cosas cuando no te preocupas tanto de que se hagan todas las cositas pequeñas. El alma sueña con grandes espacios vacíos. Exige sitio para respirar. No la enjaules, no la encierres.

Cuando planificas excesivamente tu agenda, ahogas a tu alma. Cuando metes demasiadas cosas en tu jornada te desconectas del Espíritu de la Vida. Cuando te sientes atrapada, tu creatividad se asfixia y lo que en su momento fue cocreación se convierte en producción. Cuando produces, dependes de tus propias formas exhaustivas. Cuando creas, te conviertes en una musa para el Espíritu de la Vida y, a cambio, recibes fuerza vital.

Abre los brazos y el corazón y planifica con suficiente amplitud como para que tu alma pueda ocupar tu jornada y aterrizar en ella. Si no hay espacio, no puede entrar nada nuevo. Nada inesperado puede darte un golpecito en el hombro. No hay cocreación ni hueco para la gracia. Eres una célula de un organismo cósmico creativo más grande. La vida es creativa y, como formas parte de ella, tú también lo eres. Deja espacio para que el pulso creativo de la Vida sueñe contigo y a través de ti.

El universo se organiza a sí mismo, lo que significa que, cuando dejamos de intentar doblegarlo a nuestra voluntad personal, se libera para ponerse a trabajar en beneficio nuestro. Cualquiera que dirija a un equipo de personas sabe que meterse en el trabajo de los demás transmite el mensaje de que no confías en su capacidad para cumplir su tarea. Estás dirigiendo todo a través de ti, y eso no es sostenible. Al final, acabarás quemándote. Este es un punto difícil de captar en nuestra sociedad excesivamente individualista.

La Vida también es así. Si no confías en que trabaje para ti mientras estás durmiendo o haciendo alguna otra cosa, le estarás quitando la capacidad de sorprenderte y deleitarte. Si crees que el pulso inteligente de la Vida necesita que tú estés haciendo cosas de manera frenética para que algo se haga, al final no hará nada en beneficio tuyo.

Imagina que la Gran Madre Cósmica toca su tambor. ¿Confías en que va a seguir haciendo lo que ha estado haciendo desde el principio de los tiempos? ¿Qué sucedería si aprendiéramos a dejar espacio para que la Vida nos apoye, nos sorprenda? A veces, lo más productivo que puedes hacer es dejar de aferrarte a cómo deberían ser las cosas y confiar en los frutos que están por venir.

PREGUNTA DEL ALMA

¿Cómo puedes crear más espacio en tu vida?

¿Qué hace que tu alma se sienta libre?

¿Qué hace que tu alma se sienta atrapada?

△
NO ERES NORMAL, Y ESO ES NORMAL

No hay dos caminos del alma que sean iguales. Tu alma vino aquí contra todo pronóstico a un cuerpo, un planeta, un linaje y un tiempo distinto a todos los que jamás han sido o serán. No eres normal, y eso es normal.

La naturaleza necesita diversidad para poder prosperar y sobrevivir. En algún punto del camino se decidió que lo mejor era intentar encajar, esforzarse por ser normal. Sin embargo, lo normal no es natural. Es fabricado, producido. No es sostenible. Diversificarse o morir, esto es lo que la naturaleza nos enseña.

El momento en que intentamos crecer en hileras perfectas es en el que nos desconectamos del pulso inteligente de la Vida en su potencia. Perdemos un poquito de fuerza vital cada vez que nos esforzamos por encajar. La alta amapola lo sabe, y también las hierbas. En ningún momento se nos diseñó para crecer en hileras, de la misma forma y al mismo tiempo. Para ser como todos los demás.

Vinimos aquí para ser alma encarnada.
Espíritu entretejido en la materia.
Lo invisible milagroso manifestado
en forma física.

Contra toda probabilidad, conseguimos estar aquí. Cada una de nosotras ha realizado un viaje enorme para venir: un alma única y polifacética en un linaje único en un momento único. Cada respiración, cada momento de la trayectoria interminable del viaje de nuestra alma, cada impronta y cada selección de la forma más exquisita y única.

No hay dos linajes iguales. Ni dos tierras. Ni dos condiciones de vida. Ni dos épocas. Ni tampoco dos caminos del alma. Tú no eres normal, y eso es normal. Jamás se supuso que debieras encajar.

PREGUNTA DEL ALMA

¿Cómo estás intentando encajar?

¿Cómo puedes asumir un poquito más lo que realmente eres?

△

NO LOS COLOQUES EN UN PEDESTAL

S I HAS ELEVADO A UNA PERSONA hasta el nivel de dios, date la vuelta y besa tus propios pies. Todos lo hemos hecho, pero eso provoca más separación, unas proyecciones innecesarias y unas caídas enormes e injustas. Porque, si vas a acceder a tu poder y crecer, y *estás* aquí para hacerlo, a cualquiera que coloques por encima de ti al final tendrás que bajarle los humos.

Sé amable con ellos y contigo; para empezar, no los coloques en un pedestal. De esa forma, jamás tendrás que hacerles bajar de él. Y, si has puesto a alguien por encima de ti, asume la responsabilidad permitiendo que lo que admiras en esa persona se eleve dentro de ti, al lado de ella.

Respeto, reverencia e inspiración no son lo mismo que idolatría. No necesitas que nadie caiga para afirmar lo que realmente eres. Deja que la elevada amapola sea como es. Si la recortas, lo más probable es que tú también acabes recortada. Es preferible que le permitas que te recuerden que lo que tú adoras en otro necesita que lo cuides y lo estimules también dentro de ti. Riega esas semillas con amor y atención y algún día, muy pronto, florecerán y luego fructificarán.

PREGUNTA DEL ALMA

¿A quién has colocado sobre un pedestal en el pasado
o en la actualidad?

¿Qué admirabas o admiras de esa persona?

¿Cómo puedes alimentar o encarnar eso en tu interior
sin rebajarla?

△
UN GIRO HACIA LA POTENCIA Y LA SENCILLEZ

Estamos atravesando un periodo de mucha sanación y cambio. Junto con el planeta, estás reconstruyendo lo que eres desde la mente hasta la célula. Tu corazón necesita estar en el centro de todo ello y, cuando reúnes el coraje suficiente para vivir de esta manera, sueñas un mundo nuevo y lo haces realidad. Este es el vehículo para que puedas sentir el sueño de tu alma antes de que sea conocido.

El camino de la mística es el del corazón y, al seguirlo, unes tus fuerzas con un linaje de soñadores sagrados que vinieron antes que nosotras. En un tiempo en el que todas las estructuras y sistemas externos se están desmoronando, esto es en realidad lo único que queda. El camino del corazón es el más constante que existe.

Tu corazón fue el primer órgano que se hizo materia. Cuando deje de latir, tu alma habrá perdido su forma. Cuando confiamos en su camino, dejamos de intentar tenerlo todo claro y pasamos a vivir en el momento presente. Y, cuando vivimos en el momento presente, el siguiente paso siempre se nos revela.

Cuando estamos con alguien a quien amamos profundamente, da la sensación de que todo se detiene. Nuestro sistema nervioso se regula en sintonía con el suyo y nos sentimos sostenidas, percibidas y seguras. Este es el mejor estado para nosotras. Es aquel en el que se produce toda la sanación y en el que reside la sabiduría de nuestra alma. Sin embargo, no necesitamos estar con nadie ni con nada para acceder a él. Cuando entramos en este espacio, nos alineamos con el pulso de la Vida y, al hacerlo, nuestra fuerza vital se reabastece y nuestra alma puede entrar más plenamente en el plano físico.

Si te esfuerzas por permanecer más tiempo en este espacio, todo se expandirá para ti. Tus esfuerzos mundanos desaparecerán y serán sustituidos por la atracción adecuada. La gente percibirá la expansión del corazón que transmites. Deja que eso sea tu tarjeta de visita.

Serás recompensada por tu sencillez. Serás alabada por tu potente autenticidad. Sé la creativa, la humana, la mística, la soñadora.

Los días de ajetreo, agotamiento y producción en lugar de creación están llegando a su fin. Aquellas que elijan la potencia por encima de la producción en masa, el corazón más que la cabeza, despacio en lugar de a toda velocidad, serán las que lideren en esta nueva era. Suelta todas aquellas partes de tu vida que derrochen dinero, energía o recursos. Aunque en el pasado puedan haberte hecho triunfar, ahora que entramos en este paradigma nuevo del aceleramiento irán siendo cada vez menos productivas y eficaces. La Tierra se está asegurando de que así sea. Todo aquello que no es sostenible no florecerá. Esta es la nueva ley de la Tierra.

Si sucumbes a alimentar la máquina, desperdiciarás las semillas que viniste a plantar. Canta con tu corazón al inmenso cielo negro aterciopelado. No te vayas de aquí sin haberlo soltado todo. Elimina todas las salidas innecesarias. Haz que todo sea potente y libre. Tu energía, tu fuerza vital, tu amor y tu tiempo son las fuerzas más valiosas. Protégelos y trátalos como los recursos preciosos que son. Así es como conseguirás la verdadera riqueza. Así es como florecerás. Así es como recibirás una profunda satisfacción del alma. Así es como se vive de verdad.

PREGUNTA DEL ALMA

*¿Qué aspecto de tu vida es excesivamente complicado
e innecesario? ¿Cómo puedes simplificar un poco las cosas?*

*¿En qué aspecto de tu vida se te está yendo la energía?
¿De qué cosa que te está agotando por encima
de todo puedes liberarte?*

¿Qué hace que te sientas realmente rica y libre?

△
LIBERA MI CORAZÓN MÍSTICO Y SALVAJE

ANHELO CONECTARME, no ser perfecta. Anhelo crear, no producir. Soñar, no tener certezas. Asombrarme, no convencer. Soy una mística, no una máquina. Necesito espacio para explorar, para preguntar, para soñar un sueño nuevo. Necesito mis preguntas para dar vida a más preguntas, no para quedarme atrapada por determinadas respuestas.

La certidumbre es la muerte sin renacimiento. Por tanto, lánzame al fértil vacío del invierno profundo y oscuro, porque sé que el final es también el principio y que la aurora más brillante viene después de la noche más oscura.

El cambio es creación. Solo aquellas que sueñan con lo incalculable serán capaces de crear algo realmente nuevo. Por tanto, despego mis pies del suelo de la fábrica. Mi alma sabe que no necesito más, más, más. No es de eso de lo que realmente tengo hambre. Muéstrame cómo encontrar mi terreno, sin que importe el lugar en el que estoy plantada.

Incluso a través de las grietas del pavimento encontraré una forma de liberarme de la jaula de lo ordinario. No me encierres. Libera mi corazón místico y salvaje. Trasplántame allí donde crecen las flores silvestres. Sí, llévame a un lugar donde pueda vagar libremente, donde pueda mantener mi corazón abierto por delante y por detrás.

Donde haya espacio para respirar. Donde la picadura sea en ocasiones el antídoto para la herida. Donde el néctar se encuentre siempre en el centro. Donde el zumbido de las abejas le recuerde a mi corazón místico y salvaje que siempre he sido libre para ser yo misma.

PREGUNTA DEL ALMA

¿Qué es lo que más anhela hacer tu corazón salvaje?

△
CREAR FRENTE A PRODUCIR: MÍSTICA FRENTE A MÁQUINA

SOMOS SERES CREATIVOS que vivimos en un mundo creativo. La vida es en sí misma creativa y siempre está creando, en todo momento. Y, como tú formas parte de ella, también estás siempre creando. Mucha gente cree que no lo es, pero estar vivo es ser creativo. Crear es unir cosas para que nazca algo nuevo. Un instante antes, esa creación no existía, y luego, de repente, el sueño se hace realidad. La creatividad es algo realmente asombroso.

De todas formas, cuando utilizamos nuestra creatividad para un resultado controlado, rápidamente puede perder su magia y convertirse en producción, y esta mata el alma de hambre. Convierte a la mística en una máquina. Este es el desafío de la artista, de la mística: crear, no producir. La mística crea, la máquina produce. Cualquiera puede producir algo bonito si lo intenta, pero nadie puede crear igual que tú.

Estoy convencida de que la creatividad proviene de la fusión del alma con el Espíritu de la Vida. Albergamos en nuestro núcleo el impulso de crear, pero nuestro miedo y nuestro pensamiento son los que nos impiden hacer aquello que está en nuestra auténtica naturaleza creativa. Para crear, necesitas una mente y un corazón abiertos, porque, si están cerrados, no puedes soñar con posibilidades nuevas. No puedes soñar en absoluto.

Quizá sean nuestras rígidas formas adultas de ser las que nos impiden crear soluciones que cambiarían la trayectoria del futuro de este planeta. Quizá, si todas recordáramos lo que es crear como niños —soñar y jugar sin apego alguno hacia el resultado—, el mundo sería un lugar muy diferente.

Cuando más feliz me siento es cuando estoy creando, sobre todo si lo hago sin estar centrada en un resultado concreto. Entrar en un receptáculo creativo y pedir al espíritu que se mueva a través de mí y de mis creaciones es lo que constituye para mí la dicha. Si tienes un trabajo creativo, no te dejes convertir en una máquina ni permitas que se pierda la conexión con la chispa que te inspira.

A nuestra sociedad le gusta capitalizar lo que es bien recibido, pero debemos tener cuidado de no apagar la chispa creativa que lo hizo posible.

Hace unos pocos años, me sentí atrapada en mi propio negocio. A medida que el trabajo crecía y el mundo de contenidos cambiaba, mi equipo hizo lo mismo. Yo pasaba cada vez más tiempo en reuniones, centrada en cosas que, al final del día, no tenían importancia, gestionando personas y produciendo en lugar de creando. Tenía la sensación de estar respondiendo a una narrativa externa en lugar de dejarme conducir desde dentro, que es el lugar donde reside la magia.

Notaba el alma reseca y como si no tuviera espacio para respirar. Jamás había aspirado a «llevar un negocio»; el único motivo que me había impulsado a crear una empresa era poder estar en devoción compartiendo mis escritos y creaciones como canal. A medida que iban creciendo mis gastos, tuve que ir trabajando cada vez más y me sentía más y más desconectada de la potencia de mi llamada. Anhelaba ser libre para crear, no para producir.

Una noche soñé que estaba en el fondo del mar rodeada de una cúpula de cristal. Ansiaba nadar y explorar el profundo océano azul, pero no podía. La cúpula de cristal, que se había construido para apoyarme, estaba ahogándome a mí y también mi conexión con el espíritu y con mi creatividad. Supe que tenía que hacer algunos cambios enormes y, de ese modo, aprendí a sacudirme la presión de escalar, decir que sí y crecer, crecer, crecer. Prioricé mi creatividad y mi conexión con el espíritu por encima de todo viajando a mi propia velocidad.

En nuestro mundo de sobreestimulación, urgencia y sobrecarga de contenidos, los poderes establecidos intentarán hacer que produzcas en lugar de crear. No se lo permitas, porque, si produces solo mirando los resultados, el pozo de la creatividad se secará. Te desconectarás de tu alma y te encontrarás sumida en otro sistema insostenible. El artista crea desde el alma, y esta no tiene más motivo que la Vida para prosperar. Confía en la inteligencia sagrada e ilimitada de tu creatividad. Resístete frente a la máquina y di que sí a las flores silvestres que están plantadas en lo más profundo de tu ser.

PREGUNTA DEL ALMA

¿En qué aspectos estás produciendo en lugar de creando?

¿Cómo estás siendo llamada a desengancharte de un sistema que te dice lo que debes hacer o que debes mantenerte a la altura de los demás?

△

VINISTE CON MEDICINAS, NO CON CARAMELOS

EN ESTE MISMO MOMENTO, las fuerzas externas están urgiendo a artistas y místicos a producir, no a crear. Sin embargo, viniste con medicinas. ¿No te acuerdas?

En épocas como esta, nunca fue tan importante crear de verdad. Ninguna cosa artificial puede compararse con la intimidad del espíritu humano. La conexión se percibe en las imperfecciones de nuestra humanidad. En nuestra capacidad de expresar lo que se siente en los corazones de la gente pero todavía no ha sido expresado.

Por eso, artistas, compositores, poetas y ceramistas, por favor, no dejéis de soñar. Acceded a las alturas y a las profundidades en busca de las semillas y las estrellas con las que vino vuestra alma. No permitáis que los ruidos exteriores y la rapidez os distraigan. Confiad en lo que se está agitando en lo más profundo de vuestra alma.

No aportéis al ruido. Elegid una nota, si tenéis que hacerlo. Esa que abrirá la mayoría de los corazones y se sintonizará con ellos. Cantadla, cantadla, cantadla. Honrad la potencia de aquello que habéis venido a compartir. No lo rompáis en pedacitos solo porque os digan que eso es lo que el mundo quiere consumir ahora, ahora, ahora, ahora. Vinisteis con medicinas, no con caramelos.

En el momento en el que sigues la dirección que te marca lo externo, dejas de soñar.

Las medicinas no son algo que deba consumirse a la ligera. Y tú viniste aquí con medicinas, ¿te acuerdas? Este tipo de consumo hace que el alma quiera más. Y eso provoca más consumo y más separación.

Viniste aquí con medicinas. Compártelas con toda su potencia. Cualquier otra cosa sería un desperdicio.

PREGUNTA DEL ALMA

¿Cómo estás siendo llamada a honrar de manera más potente la medicina con la que viniste aquí?

▲

LAS CÉLULAS IMAGINALES

EXISTEN MUCHOS PROGRAMAS en el plano físico y en el mental que nos están impidiendo a todos progresar. Y cuando digo progresar, no me estoy refiriendo a estar por encima o a ser mejor que otros, sino a ser una fuerza vital natural que se mueve de manera inteligente. Este pulso inteligente sabe lo que tiene que hacer, pero requiere tiempo. Las plantas tienen sus fases y el planeta sus estaciones, y consiguen ir pasando por ellas sin juzgar porque no tienen una mente. La humanidad, sin embargo, tiene programas que la dirigen desde el pasado y el presente. Sin embargo, nos podemos desenganchar de ellos.

Cuando cada una de nosotras expresamos nuestra verdad y nos expandimos a través de nuestro dolor, nos liberamos del trance, y nuestra libertad y la expresión de la verdad activan una semilla de verdad y recuerdo en otra persona. Los sueños de los durmientes despiertan de su sueño y despiertan a soñadores dormidos mientras sueñan con posibles futuros.

La fuerza vital de tus mitocondrias, aunque quizá lleve siglos dormida, alberga una inteligencia que, en las condiciones adecuadas, sabe cómo desatarse, desenrollarse y desplegarse. Y entonces no se puede detener lo que ha comenzado: el desenrollado empieza la danza espiral que tiene en su impronta para dejar en libertad a tu alma y a tu linaje.

**Durante demasiado tiempo, la vergüenza
y la crítica, el miedo y el dolor, son los que
han llevado la batuta. Sin embargo, la humanidad
está haciendo un giro.
Y eso es para lo que viniste.**

Eres una de las muchas células imaginales transformadoras. Cuando despertamos a nuestra alma, ponemos en marcha una cadena de acontecimientos. Nuestra presencia tiene el potencial de despertar a todos aquellos que conocemos. Ha llegado el momento de que reclamemos la fuerza vital dormida que ha estado contenida y refrenada desde que la Diosa se enterró.

El parto no es algo hermoso. Sin embargo, todas estamos pariendo una humanidad nueva. Es para lo que hemos venido. Todas somos las guardianas de la sabiduría de la Tierra. Las parteras de las demás. Nos turnamos para tener contracciones, rendirnos, apoyarnos y empujar. Todo el mundo resultará afectado. Aquellos que se resistan seguirán luchando. Permanecerán en el oscuro canal del parto hasta que estén dispuestos a ceder lo que fueron y el mundo en el que se encontraban.

Y aquellos que accedan al sueño despierto del alma podrán tener la sensación de estar muriendo. Porque así es. Tú también. El final es también el principio. Sin embargo, antes de que llegue el principio, el Espíritu de la Vida exige que depongamos lo que fuimos para tener la oportunidad de nacer de nuevas. Y tu viniste para dar vida de nuevo a este mundo. ¿No es así?

PREGUNTA DEL ALMA

¿Cuál es el sueño más profundo de tu alma?

△
VIVIR EL SUEÑO SALVAJE DE TU ALMA

¿Sabes lo que tuvo que hacer tu alma para estar aquí? Apártate de los sistemas que pretenden refrenarte, grita desde los tejados lo que te hace libre. Deja que aquellos que intentan contenerte te observen y tomen notas. En el esquema general del alma, este momento preciso ni siquiera alcanza los titulares.

Ha llegado el momento de romper las cadenas y dar libertad a tu alma. De cantar, bailar, abrir tu propio camino y conducir, conducir, conducir. Tú sabes lo que tienes que hacer. Una parte de ti sabe por qué viniste. Olvídate de los detalles; cierra los ojos y vive el sueño más exquisito de tu alma. Tienes muchísimas formas de expresar lo que eres, así que levanta el pecho, abre tu corazón y emana.

Busca la llave de lo que siempre tuviste y libérate de los límites y las jaulas que otros te han impuesto y en los que te han metido.

Y, ya que estás en ello, libera a todos los que has intentado mantener cautivos por miedo a no estar a la altura. Ninguna de nosotras es realmente libre para soñar si tiene cautivo a alguien, incluidas nosotras mismas.

Formas parte de un equipo que está aquí para facilitar la sanación de la humanidad. Y esta sanación solo puede producirse de verdad cuando primero te atiendes a ti misma. Las personas que están abastecidas son las que pueden ayudar de una forma más eficaz. Podemos turnarnos para dar y recibir este apoyo a lo largo de todas las estaciones cambiantes de la vida. Este es un momento que ha sido susurrado a lo largo de los siglos. Estamos recordando que el cambio es la única constante. Sé que puede resultar desorientador y también que es difícil permanecer conectada, pero al hacerlo tu presencia bendice a los que están dormidos, doloridos, hambrientos y separados.

PREGUNTA DEL ALMA

Si supieras que iba a funcionar y no te preocupara lo que la gente pudiera pensar, ¿qué harías, dirías o crearías?

¿Cómo estás siendo llamada a emplear sobre todo tu energía y tu tiempo, tan preciosos?

△
CONOCE EL MISTERIO
QUE TE VIENE A CONOCER

MUCHAS VECES TENEMOS LA SENSACIÓN de que deberíamos hacer algo, estar en algún lugar, experimentar algo diferente de lo que ya conocemos. Nos resistimos a afrontar aquello que tenemos delante. En lugar de enfrentarnos cara a cara con nuestra experiencia de vida en ese momento, razonamos y pensamos que las cosas no deberían ser como son. Que no deberíamos estar donde estamos.

Mutamos para evitar lo que se nos está sirviendo. Nos perdemos en el espejismo de que eso, de que nosotras, de que la vida deberían ser distintos de como son. Registramos el tiempo en lugar de confiar en él. Nos caemos de los brazos de la Vida y elegimos sostenerlo todo nosotras solas. Desconfiamos del misterio que nos viene a conocer.

Cuando la mística encuentra algo distinto de lo que esperaba, sabe que la forma más rápida de salir es encontrar una manera de encontrarse con el misterio que la viene a conocer. Apoyarse en lo que tiene delante. Rendirse al gran desconocido. Ceder ante el misterioso pulso de la Vida. Aceptar la estación sabiendo que pronto cambiará. Aceptar lo que hay porque es lo que es. Permitir que la marea la arrastre al mar y que, cuando cambie, la lleve a casa en un terreno distinto del que ocupaba antes.

PREGUNTA DEL ALMA

*¿Cómo puedes aceptar un poco más lo que tienes
en tu camino en lugar de resistirte a ello?*

△

SABER CUÁNDO CEDER
Y CUÁNDO EMPUJAR

E N MUCHOS PARTOS (LITERALES O METAFÓRICOS), llega un punto en el que la corriente cambia y no podemos *no* empujar. Hasta ese momento, hacerlo habría sido un desperdicio de una energía muy valiosa, como nadar a contracorriente. Y justo antes de que eso suceda, el mundo de la que se está convirtiendo en madre y el que la rodea se quedan absolutamente quietos, podríamos oír el vuelo de una mosca. Se abre un portal. Se produce un final para que pueda empezar un principio.

En mi primer parto, cuando las contracciones iban y venían con más intensidad de la que jamás podría haber imaginado, recuerdo que miré a las matronas, desesperada por obtener respuesta a mis preguntas: «¿Debería empujar? ¿Cómo sé cuándo tengo que hacerlo?». Y lo que me dijeron fue: «Sabrás cuándo es el momento de empujar porque no podrás hacer nada más que eso».

Tenían una confianza increíble en la capacidad de la madre para saber. En lo más profundo de mis células, yo *sí* lo sabía, pero necesitaba que me recordaran que debía confiar en ese conocimiento ancestral. Pero no lo supe *hasta* que lo supe y, en ese momento, lo supe con certeza. ¿No es eso lo que sucede con tantísimas cosas que experimentamos por primera vez? Solo sabemos cuando sabemos y, en ese momento, no hay forma de no saber lo que sabemos.

Por supuesto, como cada vida y cada muerte, cada parto (literal o metafórico) es único. En mi segundo parto, confiaba más en la capacidad de mi cuerpo de saber de verdad cuándo debía ceder y cuándo empujar, porque ya había cruzado ese umbral con anterioridad. El parto fue mucho más largo, pero mucho menos intenso. Yo sabía cómo no apresurarlo. Ansiaba encontrar una forma de saborear su aspecto sagrado. De estar en él más allá del dolor.

Las contracciones me estuvieron metiendo y sacando de las aguas primigenias del océano durante más de cuarenta horas. En algunos momentos salían de lo más profundo de mi ser. Otros eran tranquilos y cristalinos. Cuando la corriente cambió, todo quedó completamente quieto. Y, de repente, supe. Y todos los que estaban en la habitación supieron también. Durante un momento, el mundo se paró. Las puertas de la Vida aparecieron. Entré en la piscina de partos y en el lacerante e indescriptible anillo de fuego. Unos segundos más tarde, una niñita y una mujer habían renacido.

PREGUNTA DEL ALMA

¿Qué te están pidiendo que des a luz en este momento?

En este momento, ¿te están pidiendo que cedas o que empujes?

△

ENCUENTRA LA CANCIÓN DE TU ALMA

Un mensaje de las Abuelas Ancestrales de la Tierra: En la oscuridad de la noche, querida paridora del nuevo amanecer, aquí para ayudar de una forma nueva pero también ancestral a la humanidad. Nosotras las antiguas que hemos estado aquí desde el principio, te estamos llamando. Jamás hemos dejado de cantarte.

En el corazón encontrarás la verdadera canción del sueño de tu alma. Te la cantamos el día que diste tu primer aliento, en reconocimiento del regreso de tu alma. Y, si te anclas aquí, en el corazón místico, la escucharás una y otra vez. Te recordará lo que siempre has sabido.

Esto es lo que significa recordar. Este es el sueño de nuestros antepasados, celestial y de carne. Tu propósito es escuchar la canción de tu alma y seguir su melodía. Dedicar tu vida a vivir en armonía con ella. Cuando vives desde ese lugar, vives la vida más auténtica y alegre. Cualquier cosa que te ayude a permanecer en armonía con el corazón es una señal de que forma parte de tu camino.

Cuando te armonizas en el nivel celular, traes armonía a más y más gente. Reconstelarte en tu sistema trae armonía a todos. Cuando sanas, la humanidad sana. Cuando la humanidad sana, tú sanas. Ahora más que nunca nos están pidiendo que permitamos que aquello que había sido enterrado, encerrado y silenciado sea visto, conocido, sentido y escuchado.

**Por tanto, entona la canción que viniste aquí
para cantar. Sigue cada nota en sus ecos por las
cuatro cavidades de tu corazón.
Camina de manera congruente con cada latido…
así es como compartes tu medicina.**

No es un camino fácil, ni para ti ni para el resto de la humanidad. Algunas podéis sentir que sois las únicas de vuestra constelación que están haciendo este trabajo. Pero no es así. Sabios de tu futuro y de tu pasado que no olvidaron te están ayudando en cada paso del camino. Quizá no lo veas, pero, si te sintonizas con tu interior, podrías sentirlo. Invócalos, seres positivos, aliados, remontándonte por completo hacia atrás y hacia adelante.

Elegiste venir a este planeta, a esta familia, a este cuerpo, a esta época, por una razón. Tu alma lo eligió. Soñó para hacerse realidad. Un día echarás la vista atrás y verás todos los hilos sagrados de tu viaje de despertar y contemplarás admirada la magnífica orquestación que en estos momentos y siempre está teniendo lugar.

Este tiempo en el que vivimos será recordado por almas futuras. Esta es la gran integración. El despertar empezó mucho tiempo antes, pero ahora es necesario anclarlo. El mundo del espíritu y la materia deben regresar como uno solo. Sabemos que ser humano en este momento puede ser enfrentarse y que, sin duda alguna, no es algo lineal. Pero ten fe en la posibilidad de que albergas en tu interior un pulso inteligente que sabe exactamente qué es lo que tiene que hacer. Permite que este pulso inteligente lata por todo tu ser. Permite que te dirija.

Este no es el momento de analizar, sino de rendirse. Se te dará todo el apoyo y toda la ayuda que necesite tu alma. Eso no significa que vaya a ser fácil. Los que han aceptado el camino del alma han aceptado la profundidad. Sin embargo, cuanto más profundo viajes, más te elevarás a su debido momento. Y no te equivoques, viniste aquí para surcar los aires.

Sois aquellas por las que rezaron vuestras abuelas y, si escuchas en lo profundo de la noche justo antes de que el sol aparezca, las escucharás cantándote.

Las muchas

Nosotras somos las muchas.

S   o   l   a   s

Hasta que recordamos cómo
ser todas una juntas.

Solo separadas cuando olvidamos
que cada una toca una parte.

Nosotras somos las muchas.
Unidas como una.

△

SIGUIENDO TU CAMINO SAGRADO

Todos los sueños, percepciones, visiones, despertares, experiencias místicas, sabiduría y orientación del mundo no tienen sentido si no hay integración, encarnación y acción enraizada. Hemos venido a aprender y a creer que la clave para vivir una vida mística y llena de propósito es desarrollar primero una relación con nuestra alma y luego actuar según ella de una forma constante. Esto es lo que significa encarnar el sueño de nuestra alma. Integrar el espíritu en la materia. Vivir el sueño despierto del alma.

Sé por propia experiencia directa (y lo he comprobado en muchísimas personas más) los cambios profundos que se producen cuando damos prioridad a la relación que tenemos con nuestra alma y luego nos hacemos presentes y actuamos con diligencia y a diario siguiendo sus sueños. Cuanto más nos hacemos presentes para escuchar la sabiduría interior, más fácil nos resulta reconocer sus llamadas. Cuanta más constancia pongamos a la hora de responder a las llamadas de nuestra alma, más confiamos en ella.

Escuchar y actuar siguiendo las llamadas de nuestra alma no es algo que se haga de una vez por todas, sino una forma de vida. Nos exige dar prioridad a la conexión, confiar en la orientación que recibimos y actuar según ella todos los días. Muchísimas personas se impiden a sí mismas vivir una vida dirigida por el alma porque están esperando a conocer el destino antes de dar el primer paso. Sin embargo, la intuición no funciona así. Nuestra alma está siempre llamándonos, cada momento del día.

La forma de vivir en armonía con el pulso sagrado de la Vida es escuchar por dentro y encarnar esas llamadas a diario. El Espíritu de la Vida está del lado de tu alma. Quiere apoyarte mientras sigues tu camino sagrado.

Por tanto, esto es un recordatorio para que te hagas presente.

Para que empieces por cosas pequeñas.
Del tamaño de un bocado.
Para que pongas un pie delante del otro.
Para que hagas una cosa cada día.
Para que descompongas las cosas en tareas asumibles.
Para que vivas de verdad tu sueño despierto.
Si lo haces cada día, cuando haya girado la Rueda del Año estarás en camino de vivir el sueño más salvaje de tu alma.

No hace falta que lo tengas todo averiguado ni que sepas exactamente adónde te conduce tu camino. No es necesario que conozcas cada paso que tienes que dar antes de emprender tu gran viaje. Lo único que tienes que hacer es dar el siguiente paso.

PREGUNTA DEL ALMA

¿Qué pasito puedes dar para vivir hoy ese sueño de una forma un poco más plena?

El alma en el centro

Nosotras somos las tejedoras, las que vinimos para
volver a entretejer los mundos del espíritu y la materia.
Para reparar lo que se había separado y roto.
El alma en el centro, puente sagrado entre el cielo y la Tierra.

Una por una, a medida que regulamos
nuestro sistema nervioso,
vamos regulando el sistema nervioso de la humanidad,
y nuestro corazón encuentra el camino de vuelta al
pulso sagrado del cosmos y de la Tierra.

Estamos recordando que formamos parte
del universo ordenado.

Nuestra verdadera naturaleza sabe lo que tiene que hacer,
porque formamos parte de la naturaleza
y esta alberga en su interior
un pulso inteligente intrínseco de toda la Vida en su conjunto.

La naturaleza sabe lo que tiene que hacer.
Y, como nosotras no somos independientes de ella,
también lo sabemos.

△
CONDUCIDA DESDE EL INTERIOR

Somos las integradoras. Las que rompen el ciclo. Las tejedoras de la red. En beneficio de la humanidad, sostenemos un hilo dorado y sanador. Este hilo dorado estaba ahí cuando nacimos y seguirá pulsando cuando nos hayamos muerto. Está conectado con la inteligencia del cosmos. Siempre está disponible para guiarnos, pero solo podemos acceder a su inteligencia si nos adentramos en nosotras mismas.

La dirección externa no hará más que confundirnos. La conexión debe realizarse desde el templo situado en el portal de tu corazón. Cuando nos conectamos con ese lugar, nos conectamos con un portal de sabiduría tan inmenso que ningún libro ni sabio en el universo conocible o no conocible se podría comparar a él.

Ninguna fuente de noticias ni mapa nos conducirá a los lugares a los que nos pueden llevar los seres interiores.

Ningún templo externo es tan sagrado como aquel con el que nacimos y que está en el centro de nuestro corazón.

Estamos aquí para traer el cambio, abrazarlo y rendirnos a él. Al igual que todas las soñadoras despiertas. Sin embargo, para hacerlo nos deben dirigir desde el interior. Por eso, estiramos la mano y cogemos el hilo dorado. Y todos y cada uno de los días, somos conducidas.

PREGUNTA DEL ALMA

En este momento, ¿cómo te están conduciendo
de manera intuitiva?

La tejedora

Era una soñadora,
pero no estaba dormida.
Era sensible,
pero no era en absoluto débil.

Era una tejedora.
Su vida era el hilo.
Seguía un mapa interior.
Siempre la conducían internamente.

△

CONECTARTE CON EL HILO DORADO
DE TU VIDA

EL HILO DORADO es el camino de tu destino. Alberga el potencial de todo lo que fue, es y podría ser. El hilo dorado de tu vida está siempre disponible para guiarte, en cada paso del camino, hacia el sueño más profundo de tu alma. Se va tejiendo gracias a todas tus experiencias vitales. No siempre resulta lógico, pero con tiempo y perspectiva podrás ver cómo los intrincados tejidos te relucen en la mitad de tu vida.

Nunca es demasiado tarde para seguir el hilo dorado de tu vida y nunca puedes ser demasiado mayor para hacerlo. Porque siempre está a tu alcance. Sea lo que fuere lo que tu alma te esté llamando a hacer, te conducirá a tu hilo dorado. Allí donde te sientas más conectada con el Espíritu de la Vida es donde lo encontrarás.

Creo tanto en el destino como en el libre albedrío. Creo que nuestra alma vino con un plan. Hay momentos de destino trazados a lo largo del hilo dorado de nuestra vida en los que podemos elegir decir que sí y actuar en consecuencia. Es entonces cuando el sueño de nuestra alma se convierte en un sueño despierto y, de repente, nos encontramos en el camino sagrado de nuestra alma.

No importa lo elevado y profundo que haya sido el sueño de tu alma; si no hay una acción enraizada, no puede hacerse realidad. Hasta los creativos, artistas, escritores e inventores más magníficos deben hacerse presentes día tras día. Incluso aquellos cuyos dones son innatos y extraordinarios siguen trabajando a diario. Siguen viviendo las preguntas y encarnando aquello que están siendo llamados a encarnar. Tienen valor suficiente para creer que pueden vivir el sueño más salvaje de su alma.

Esta vida no es más que un suspiro en la línea temporal de tu alma. Y viniste aquí para vivir de verdad.

Por tanto, mantén el corazón abierto en los momentos buenos y en los malos. Acéptalo todo. Reúne el valor suficiente para afrontar tus miedos y desecha lo que creías ser para rendirte a tu conversión. La muerte no está menos viva que el nacimiento. El renacimiento es imposible sin ella.

Confía en las estaciones cambiantes de tu vida, porque en cada una de ellas te espera una medicina. Una semilla no se parece a un árbol, pero alberga su potencial. Nosotras también somos así. Tu alma eligió estar aquí, en este cuerpo, en este planeta, en este tiempo. No necesitas conocer el destino final, sino solo confiar en que te van a conducir.

Antes de que dieras tu primer aliento, tu alma eligió las condiciones perfectas para tu regreso. Soñó los datos concretos del gran viaje de esta vez. Viniste aquí con un plan. Todas las soñadoras lo hacen. Un deseo al que dar vida, un sueño que hacer realidad. Y, aunque este mundo puede ser complicado, aunque el corazón puede ser profundamente herido, también puede ser exquisito y glorioso. El mayor triunfo de una vida bien vivida es de algún modo, en el éxtasis y en el sufrimiento intenso, en la aflicción y en la dicha, invitar a tu alma a entrar plenamente. Para que, cuando exhales tu último aliento, puedas decir: «Sí, he vivido de verdad».

PREGUNTA DEL ALMA

¿Qué es lo que más te está llamando tu alma a hacer?

No soy la que era antes.
No soy la que pronto seré.
Algunas partes de mí, de nosotras, están siempre muriendo.
No tengo ni idea del tiempo que hemos estado juntas.

Una respiración, una estación, una vida, un año.
Seres siempre cambiantes
viviendo en un mundo en cambio constante.
Siempre invitadas a morir y a afrontar
la muerte mientras seguimos viviendo plenamente.

Estos son los misterios de la muerte.
Estos son los misterios del nacimiento.
Estos son los misterios de la vida.

Fin.

(También el principio).

△

RECURSOS

TERAPIAS Y MÉTODOS DE TRATAMIENTO

Brainspotting: un método de tratamiento potente y focalizado que trabaja identificando, procesando y liberando fuentes neurofisiológicas nucleares de dolor y trauma emocional y físico. **brainspotting.com**

The Centre for Systemic Constellations (CSC): el trabajo con constelaciones familiares trabaja centrándose en las relaciones y las dinámicas dentro del sistema familiar. El CSD ofrece cursos, seminarios y talleres en el Reino Unido y en otros países. **thecsc.net**

Dr. Bri's Vibrant Pelvic Health: la doctora Brianne Grogan es una *coach* de salud holística para mujeres con programas demostrados para mejorar de manera natural la función pélvica a través de la conciencia corporal, el movimiento, la nutrición y la conexión mente-cuerpo. **vibrantpelvichealth.com**

EFT International: la asociación más importante del mundo de Técnicas Profesionales de Liberación Emocional (EFT); ofrece guías de autoayuda, formación y un directorio de terapeutas. **eftinternational.org**

EMDRIA: la terapia de desensibilización y reprocesamiento por movimientos oculares (EMDR) es un método psicoterapéutico de eficacia comprobada que ayuda a recuperarse del trauma y los síntomas del TEPT. Averigua cómo funciona y la manera de encontrar un terapeuta. **emdria.org**

International Family Systems Institute: ofrece un directorio para aquellos que buscan un terapeuta con formación IFS y oportunidades internacionales de aprendizaje para las personas que quieren investigar el crecimiento personal a través del IFA. **Ifs-institute-com/practitioners**

Psychology Today: la página web más grande del mundo sobre salud mental y ciencia conductual. Su directorio de terapeutas incluye profesionales verificados en salud mental y centros de tratamiento que proporcionan servicios de salud mental en veinte países. **psychologytoday.com**

Somatic Experiencing International: un método potente para resolver los síntomas del trauma y aliviar el estrés crónico. Aquí puedes encontrar un terapeuta: **directory.traumahealing.org**

SOURCE Process and Breathwork: práctica respiratoria para apoyar y empoderar a mujeres de parto, creada por la profesora internacional pionera Binnie Dansby. **Binniedansby.com**

Tension and Trauma Releasing Exercises (o TRE®): una serie de ejercicios que ayudan al cuerpo a liberar patrones musculares profundos de estrés, tensión y trauma. **Traumaprevention.com**

Trauma informed healing: la sanadora y profesora Kay Dayton se centra en tres modalidades terapéuticas (*brainspotting*, TRE e IFS) para ayudar a las mujeres a procesar el trauma en el cerebro, el sistema nervioso, el cuerpo y el alma. **Kaydayton.co.uk**

ABORTO

The Worst Girl Gang Ever: plataforma de apoyo, con grupos de Facebook privados y un pódcast gratuito. **Theworstgirlgangever.co.uk**

Tommy's: la asociación sin ánimo de lucro más grande del Reino Unido dedicada al embarazo y el aborto, con una línea telefónica de ayuda de matronas gratuita especializada y una línea telefónica de ayuda especial reservada para mujeres de parto negras y mulatas. **Tommys.org**

The Miscarriage Association: asociación sin ánimo de lucro dedicada al aborto con una línea telefónica de ayuda gratuita, foros, grupos de Facebook moderados y grupos de apoyo en línea y personales. **Miscarriageassociation.org.uk**

Miscarriage Australia: proporciona información sobre el aborto, las opciones de tratamiento y cuándo y cómo buscar apoyo médico y emocional. **Miscarriageaustralia.com.au**

PÉRDIDA DE BEBÉS Y NIÑOS PEQUEÑOS

Sands: asociación sin ánimo de lucro que apoya a progenitores que han sufrido la pérdida de un embarazo o un bebé. Proporciona una línea telefónica de ayuda gratuita, comunidades de internet y grupos de apoyo personales y locales. **Sands.org.uk**

Petals: asociación sin ánimo de lucro de asesoramiento para la pérdida de un bebé. Ofrece asesoramiento gratuito para apoyar a hombres, mujeres y parejas en la pérdida. **Petalscharity.org**

The Lullaby Trust: asociación sin ánimo de lucro que ofrece apoyo especializado para familias que han sufrido la muerte repentina de un bebé. Proporciona una línea telefónica de ayuda gratuita, grupos de Facebook, reuniones en línea y recursos gratis. **Lullabytrust.org.uk**

APOYO PARA EL PUERPERIO

Pandas: organización que apoya a todos los progenitores o redes afectados por una enfermedad mental perinatal. Ofrece recursos, una línea telefónica de ayuda y grupos de apoyo. **Pandasfoundation.org.uk**

Postpartum Support International: proporciona información actualizada, recursos y educación para apoyar a las mujeres y a las parturientas durante el embarazo y el puerperio. **Postpartum.net/get-help/help-for-moms**

March of Dimes: ofrece diversos programas destinados a cubrir necesidades concretas de salud materna e infantil por todo EE. UU. **Marchofdimes.org**

LECTURAS RECOMENDADAS

Carmichael, A., *Carmina Gadelica: Hymns and Incantations*, Edinburgh, Floris Books, 1992.

Dana, D., *Polyvagal Exercises for Safety and Connection*, New York, W. W. Norton & Company, 2020.

Dickson, E. y Woodman, M., *Dancing in the Flames*, Boulder, Shambhala, 1997.

Forest, D., *The Druid Shaman*, New Alredford, Moon Books, 2014.

Grof, S. y Grof, C., *Spiritual Emergency*, New York, Penguin Publishing Group, 1989.

Jenkinson, S., *Die Wise*, Berkeley, North Atlantic Books, 2015.

Johnson, K. A., *El cuarto trimestre*, Móstoles, Gaia Ediciones, 2020.

Kent, T. L., *Wild Mothering*, Portland, Atria Books/Beyond Words, 2024.

Khan, H. I., *The Music of Life*, Michigan, Omega Publications, 1988.

Ledwick, H., *Why Mum's Don't Jump*, Crows Nest, Allen & Unwin, 2023.

Levine, P. A., *Sanar el trauma*, Móstoles, Gaia Ediciones, 2021.

Maté, G., *Cuando el cuerpo dice no*, Móstoles, Gaia Ediciones, 2020.

Meddings, N., *How to Have a Baby*, Chipping Norton, Eynham Press, 2017.

Neumann, E., *The Great Mother*, Princeton, Princeton University Press, 2015.

O'Donohue, J., *Beauty: the Invisible Embrace*, New York, Harper Perennial, 2016.

Redmond, L., *When the Drummers Were Women*, Vermont, Echo Point Books & Media, 2018.

Reid, R., *Reclaiming Childbirth as a Rite of Passage*, Scotland, Wordwitch, 2021.

San Juan de la Cruz, *La noche oscura del alma*. Elefante Books.

Sjoo, M. y Mor, B., *The Great Cosmic Mother*, London, Bravo Ltd., 1991.

Rinpoche, S., *El libro tibetano de la vida y de la muerte*, Barcelona, Urano, 2023.

Teish, L., *Jambalaya*, London, Bravo Ltd., 1991.

Underhill, E. y Langdell, T., *Misticismo práctico*. Publicación independiente, 2023.

van der Kolk, B., *El cuerpo lleva la cuenta*, Miami, Vintage Español, 2024.

Walters, D., *Kundalini Wonder*, Philadelphia, Emergence Education, 2020.

Wolynn, M., *It Didn't Start With You*, London, Vermilion, 2022.

THE INNER TEMPLE MYSTERY SCHOOL

with Rebecca Campbell

*Activa tus dones espirituales
y abraza tu camino como mística*

- Profundiza tu conexión con lo Femenino Sagrado y con la Diosa.
- Activa tus dones espirituales innatos.
- Desvela secretos ancestrales que no encontrarás en los libros.
- Profundiza tu confianza en tu intuición.
- Expresa con confianza la sabiduría de tu alma.
- Conéctate con guías espirituales y los espíritus invisibles de la naturaleza.
- Experimenta rituales, iniciaciones, ceremonias y viajes del alma.
- Únete a una comunidad de apoyo de almas que piensan igual que tú.
- Recibe acreditación del CPD Certification Service.

¿Está tu alma programada para profundizar más que antes?

Únete a nosotros en:

AGRADECIMIENTOS

Este libro se escribió a lo largo de muchísimo tiempo y en un periodo transformador de mi vida en la que me sentí bendecida y en contacto con una barbaridad de personas sin las cuales estas páginas no serían lo que son.

A mi marido y pareja en la vida y en el trabajo, Craig. Siempre has estado ahí a lo largo de todas las cosas. Gracias por estar tan dispuesto a construir una vida que les encaje a nuestras almas. Estoy orgullosísima de lo que hemos creado juntos. The Inner Temple Mystery School y estas páginas no serían lo mismo sin ti.

A Amy Firth que, además de ser una amiga querida, fue una pieza fundamental para crear la formación de The Inner Temple Mystery School con Craig y conmigo. A mi equipo —Amanda Williams, Alissa Kalina y Niamh Forshaw-George—, que aporta tanta devoción a este trabajo.

A mis hijos, Sunny y Goldie. No puedo imaginar mi vida sin vosotros. Me habéis enseñado muchísimo y habéis invitado a mi alma a entrar plenamente en mi cuerpo. Es para mí un honor enorme ser vuestra madre y veros crecer ha sido la mayor bendición y enseñanza de mi vida.

A mi madre y a mi padre, que tantos sacrificios hicieron por mi hermano y por mí. ¡Sé que las cosas hubieran sido mucho más fáciles si hubiéramos vivido cerca y si el camino de mi alma hubiera sido un poco más «normal»! Gracias por animarme siempre a seguir mis sueños. A mi madre, gracias por tu apoyo cuando Goldie tuvo la displasia de cadera y por venir y ayudarme a cuidar a Sunny y Goldie mientras terminaba este libro.

A Binnie Dansby, que tanto me ha enseñado. Mi vida no volvió a ser igual después de haber caminado por aquel camino de Oxford. Gracias por todo lo que das con tanta generosidad y por las innumerables enseñanzas que has transmitido hasta lo más hondo de mis células. Tu apoyo, tu sabiduría y tus cuidados durante este periodo de mi vida fueron fundamentales para mí. Gracias desde las profundidades de mi alma. Y a Hollie Holden por ser la conectora divina que eres.

A mi matrona, Julia Duthie, gracias por tu apoyo exquisito durante el parto de Goldie y por el trabajo de constelación familiar durante el embarazo. Tu presencia es una auténtica bendición. A Cassie Rosa, mi doula para los partos de Sunny y Goldie. Gracias por tu habilidad para ir hasta lo más profundo y por estar en un servicio femenino tan hondo. Eres realmente una hermana de la rosa.

A Kay Dayton, gracias por tu habilidad y tu profundidad durante el descenso. ¡Me siento sumamente agradecida de que nuestros antepasados nos hayan unido de esta manera! Te deseo la alegría más profunda.

A Sophie Knock, Julia Dvinskaya, Bob Jacobs, Tammy Lynn Kent, Sally Mantle, Yeye Teish, Abuela Flordemayo y Andrew Harvey. Cada uno de vuestros dones y vuestra orientación, profundidad y sabiduría me ayudaron a transitar este periodo tan enormemente transformador de mi vida y a encontrarle el sentido en momentos cruciales. Gracias, gracias, gracias.

A mi hermano del alma Kyle. Siempre estás a mi lado y siempre me coges el teléfono. Estoy profundamente agradecida por nuestra conexión, por tu amor y tu apoyo y por todo lo que nos reímos. A Deborah Egerton, gracias por tu sabiduría, tu gracia, tu orientación y tu amistad. A Meggan Watterson, siempre por el ritual.

A mi editorial, Hay House. A Reid Tracy, Michelle Pilley, Margarete Nielsen, Patty Gift, Julie Oughton, Leanne Siu Anastasi, Debra Wolter y todo el equipo de Hay House UK. ¡A Amy Kiberd y al enorme viaje que hemos hecho juntas! ¡Vosotras sabéis, más que la mayoría de la gente, las muchas vidas que ha tenido este libro! Gracias por sumergiros tan hondo en este. Siempre recordaré aquel momento en el suelo con todas las páginas a nuestro alrededor... «¡Hemos estado aquí antes!».

A los espíritus de la tierra de Glastonbury, que me han sostenido y continúan sosteniéndome y enseñándome tantas cosas. A mi profesora de herborismo, Sage Maurer, y a mis amigas Eliza Alloway y Madeline Giles por conectarme con el Gaia School of Healing y por reconectarme con la conciencia de las plantas y de mis antecesores que las cuidaron.

A mi amiga Tasha Stevens, que tanto me enseñó acerca de la recolección y de la conciencia de la tierra. A Sonia Choquette, que me enseñó a confiar y a seguir mi corazón y el mundo invisible del espíritu. A los Cuatro Vientos, el Munay-Ki, y al Q'ero de Perú por todas las lecciones y recuerdos. A Nikki Slade, mi querida amiga y maestra, gracias por tus enseñanzas de kirtán y por nuestra conexión. Estoy sumamente agradecida de que Shakti siga entretejiéndonos. A Jim Molyneux, Beth Porter, Rachel Newton, Kerry Andrew, Seckou Keita, Kris Drever, Karine Polwart y Julie Fowlis por *The Lost Words Blessing*, que escuchaba cada día mientras escribía este libro.

A mis alumnos de The Inner Temple Mystery School, gracias por vuestra devoción, dedicación y disposición a ver lo sagrado que ya está aquí, por debajo de nosotros, a nuestro alrededor y en nuestro interior. He aprendido muchísimo de lo que habéis compartido, canalizado y experimentado. A mi queridísima comunidad, The Sanctuary, gracias por ser un espacio tan profundamente lleno de gracia, sagrado y seguro para mí. También estaré por siempre agradecida y admirada de nuestro rincón de Internet y de cómo hemos sido llamados a juntarnos. Gracias desde lo más profundo de mi alma.

Y a ti, querida lectora, gracias por acompañarme en este viaje hasta el final. Estoy muy agradecida de compartir estas páginas contigo. Que seas bendecida y bendigas a todo aquel que encuentres con tu corazón abierto y tu presencia. Y que recuerdes siempre el sueño que tu alma vino a vivir.

Con amor,

Rebecca

△

ACERCA DE LA AUTORA

Rebecca Campbell es escritora, canal, artista, poeta, mística y madre. Construye un puente entre los mundos de la espiritualidad y la creatividad y sus creaciones están dedicadas a volver a entretejer lo sagrado en la vida cotidiana.

Nació en Australia y en la actualidad reside en Glastonbury (Reino Unido). De niña se sentía fascinada por los grandes misterios y, a los dieciocho años, respondió a una llamada interior para hacer un peregrinaje ella sola para descubrir los lugares sagrados de sus antepasados. Desde entonces se ha formado en muchas disciplinas y ha tenido varias experiencias iniciadoras de despertar, todas las cuales dan forma a su proceso creativo.

Conéctate con Rebecca:

🌐 rebeccacampbell.me

✉ rebeccacampbell.me/newsletter

▶ @rebeccacampbell

🎙 rebeccacampbell.me/podcast

📷 @rebeccacampbell_author

𝐟 @rebeccacampbellauthor

MENSAJES PARA UNA SEMILLA ESTELAR

Enseñanzas y activaciones para recordar quién eres y por qué has venido aquí

REBECCA CAMPBELL

Mensajes para una semilla estelar plantea las mismas preguntas que los místicos y los filósofos se han formulado a lo largo de los siglos: qué es el alma, dónde se originó y por qué hemos elegido venir aquí.

Actuando como guía y activadora, Rebecca Campbell presenta una obra conmovedora y mística que te revelará la conexión entre nuestras almas, la Tierra y el cosmos, y te permitirá conocer tus orígenes cósmicos, estar más presente en tu vida y recordar por qué elegiste encarnar aquí, en esta etapa crucial de la historia humana.

UN PASEO POR EL MUNDO FÍSICO

Comprender la experiencia humana desde la visión espiritual

CHRISTIAN SUNDBERG

Christian Sundberg es una de esas raras personas que recuerdan el estado intermedio entre el final de una existencia y el comienzo de otra. Ese estado en el que nuestro espíritu está libre de las limitaciones a las que estará sometido en la encarnación, en el que nuestro ser más íntimo tiene la capacidad de ver, comprender e incluso elegir de antemano las condiciones de su próxima existencia.

A partir de su recuerdo prenatal, Christian Sundberg sitúa en un contexto mucho más amplio el verdadero propósito de nuestras vidas y el sentido y el valor que tienen las dificultades que habremos de abordar para realizar ese propósito.

El final es el principio…

… el principio es también el final.

Respira hondo, suelta, .ˑˑ s a l t a .ˑ